Tirando dúvidas de inglês

Michael A. Jacobs

Tirando dúvidas de inglês

DISAL EDITORA

Edição de texto
Paulo Nascimento Verano

Revisão
Mário Vilela e Norma Marinheiro

Capa e projeto gráfico
Paula Astiz

Editoração eletrônica
Paula Astiz Design

Dados Internacionais de Catalogação na Publicação (CIP)
(Câmara Brasileira do Livro, SP, Brasil)

Jacobs, Michael Anthony
Tirando dúvidas de inglês / Michael Jacobs. – 1. ed. – São Paulo : Disal, 2003.

ISBN 85-89533-04-2

1. Inglês – Estudo e ensino – I. Título.

03-3090 CDD-420.7

Índices para catálogo sistemático:
1. Inglês : Dúvidas : Estudo e ensino 420.7

Rua Major Sertório, 771, cj. 1, Vila Buarque
01222-001, São Paulo, SP
Tel./Fax: (11) 3237-0070

Visite nosso site: **www.disaleditora.com.br**

A única dedicatória possível neste livro:
Aos brasileiros, meus alunos e, a partir de 1999, meus leitores.
Aprendo tanto com vocês. Muito obrigado pela oportunidade.

Prefácio

Tirando Dúvidas de Inglês, de autoria de Michael A. Jacobs, é uma verdadeira mina de ouro, pois quem consulta a obra vai ficar enriquecido do ponto de vista lingüístico e cultural no que diz respeito à língua inglesa. Uma vez que um eventual leitor pegue o livro nas mãos, será difícil largar.

A obra destina-se, em particular, aos alunos intermediários e avançados nas escolas e nas universidades e merece estar nas estantes de todos os professores de língua inglesa, devido aos conhecimentos apresentados pelo autor. Mas o texto também será de grande utilidade para todo o público brasileiro que utiliza o inglês no trabalho e no dia-a-dia. Um ponto muito positivo é o fato de que esta publicação está escrita em português e de que, no decorrer da sua apresentação do conteúdo, o autor faz comparações com a língua nacional. Dessa forma, os leitores chegam a receber informação preciosa sobre as diferenças e semelhanças entre as duas línguas.

Além de um prefácio, uma introdução e uma conclusão, *Tirando Dúvidas de Inglês* tem cinco partes principais: "Gramática e Contrações", "Pronúncia", "Sintaxe e Expressões", "Vocabulário" e "Orientação".

O conteúdo é apresentado de forma inovadora, pois o autor recorre ao formato de perguntas e respostas para apresentar os assuntos. Muitas das perguntas foram enviadas ao professor Michael A. Jacobs através de *e-mails*, mas outras foram recolhidas diretamente nas aulas ministradas pelo professor. Cabe observar que algumas das respostas apresentadas são curtas e outras longas, dependendo do assunto tratado, mas sempre são pertinentes e bem-humoradas.

Dado o interesse manifestado pelos alunos a respeito das contrações em inglês, Michael A. Jacobs apresenta um quadro comparativo (p. 21-2), por sinal muito valioso, porque nem sempre os leitores encontram registradas em gramáticas e dicionários informações sobre as formas *oughta* (*ought to*), *betcha* (*bet you*), *woncha* (*won't you*) etc.

Com o intuito de mostrar o valor desta publicação, não posso deixar de transcrever, à guisa de exemplo, duas perguntas feitas a Michael A. Jacobs, junto com as respectivas respostas:

Gostaria de saber como se diz "Eu sou fissurado em pegar onda."
Agora você poderá demonstrar a sua fissura em inglês: *I am into surfing*; *I am crazy about surfing*; *I am hung up on surfing*; *I´m wild about surfing*. (p. 147)

Como se diz "franquia" (a dos seguros de automóveis, não o *franchising*)?
Diz-se *deductible* nos Estados Unidos e *excess on the policy* na Inglaterra: *My insurance company doesn't insist on my paying the deductivle if my car is stolen* ("A minha seguradora não insiste que eu pague a franquia em caso de roubo"); *According to my insurance policy, my deductible is R$ 600,00/ According to my insurance policy, I have an excess on it of R$ 600,00* ("De acordo com a apólice de seguro, a minha franquia é de 600 reais"). (p. 132)

Devo dizer que aprendi muita coisa na minha leitura do livro de Michael A. Jacobs. Confesso que não sabia como dizer "franquia" em inglês! Quem pára para ler o livro, na minha opinião, não vai parar de ler mesmo! As perguntas feitas ao autor mostram a seriedade e o interesse dos brasileiros com respeito ao inglês. Cumpre dizer que o livro também é um exemplo concreto da valorização da língua portuguesa. Quando um aluno pergunta como se diz "faz parte", "pôr a mão na massa" e "beliscar" (p. 89) em inglês, ele está reconhecendo que a sua própria língua materna é rica e expressiva.

Congratulo-me com o colega Mike Jacobs pelo livro muito informativo e lúcido.

Campinas, 14 de junho de 2003

John Robert Schmitz
Departamento de Lingüística Aplicada
Instituto de Estudos da Linguagem
Universidade Estadual de Campinas (Unicamp)
Campinas (SP)

Introdução

Começando muito timidamente em 1996, acelerando um pouco nos anos de 1997 e 1998 e alcançando velocidade máxima no início de 1999, gastei boa parte do meu tempo e da minha vida – que são sinônimos – escrevendo e reescrevendo o meu primeiro livro, *Como* Não *Aprender Inglês*. O que começou com algumas anotações de erros de pronúncia de inglês, colhidas durante as minhas – melhor, as nossas – aulas, para ajudar os meus alunos na época, aos poucos foi crescendo até se transformar num livro, quase sem que eu percebesse, e com certeza sem intenção. O meu único intuito era colocar no papel as minhas idéias para depois compartilhá-las na sala de aula.

Repare bem no que eu disse: colocar no papel. Colocar no papel literalmente, pois naquela época (não muito distante) eu fazia tudo à mão. Manuscrito mesmo. Sabe por quê? Porque simplesmente eu não sabia digitar e tinha uma birra tremenda com computadores – um trauma que vinha desde 1987 ou 1988. E, já que eu tinha raiva dos computadores – raiva de que até hoje tento decifrar a causa, provocada por medo de não sei o quê –, pelo menos no que se referia à sua utilização por mim, também não era capaz de colocar os meus dedos sobre o teclado. Assim, qual era a minha solução? Pagava a terceiros para fazer o trabalho de digitação. Era a única maneira que enxergava para levar o meu projeto e sonho adiante, e eu o fiz, aos trancos e barrancos (ou, como diríamos em inglês, *in fits and starts*). Não foi fácil, mas afinal deu certo. Houve tantas revisões, tantos trechos que precisaram ser repensados e reescritos, que, honestamente, foi uma loucura. Mas conseguimos.

Considero hoje a elaboração do meu primeiro livro quase um milagre. Quase, não. Foi um milagre mesmo. Rabiscar uma idéia, uma alteração, num pedaço de papel e sair correndo, às vezes para o outro lado de São Paulo, para transformá-la em dados eletrônicos. Uma verdadeira maratona. *E-mail?* Esqueça! E não era apenas eu que estava atrasado, tecnologicamente falando. Na época, *ninguém* envolvido na elaboração do livro usava *e-mail*. A primeira vez que o meu livro teve contato com os meios eletrônicos foi quando, com tudo já escrito, enviei o texto final para o pessoal que faria a diagramação. Não é preciso dizer que não fui exatamente *eu* quem enviou a preciosidade. Tive de pedir a alguém para fazê-lo. Lembro-me de que o arquivo com o texto de *Como* Não *Aprender Inglês* cabia num disquete de 3,5 polegadas, e de que ele levou 15 minutos para ser enviado por *e-mail*. Mas Michael, ou pelo menos o seu livro, havia finalmente entrado na era da comunicação global.

Com a segunda obra, *Como* Não *Aprender Inglês – Volume 2*, lançada em maio de 2001, as coisas andaram um pouco melhor, e o *e-mail* teve papel fundamental. Nas minhas mãos? Calma, gente! Ainda não! Continuava necessário que alguém digitasse os meus escritos e recebesse e enviasse por mim os *e-mails*, que nessa altura do campeonato chegavam aos montes. Assim acontecia desde o lançamento do primeiro livro, que encontrou tanta receptividade que os leitores tinham vontade (e sentiam liberdade) de escrever para mim. Como era gostoso receber as suas cartas! Era, e continua sendo, muito gostoso.

Mas isso tudo, desde o início, me pegou de surpresa. Via-me obrigado a adotar o seguinte esquema: *e-mails* em inglês eram impressos e separados para a minha leitura; *e-mails* em português eram primeiro analisados pelo pessoal que me ajudava e que decidia se era necessário imprimir e passar para mim. Aí, eu lhes respondia no próprio papel, à mão, e passava para alguém digitar, para depois voltar para mim para eu conferir se estava tudo certo, para só então enviar ao leitor...

Gente, que trabalheira! Desnecessário dizer que a confusão era total. *Out of control?* Sim, "fora de controle" é pouco para descrever a situação. Catálogo de endereços? Uma bagunça. Sei que muitos leitores estão aguardando até hoje respostas minhas às suas dúvidas de inglês. Outros foram misteriosamente deletados do catálogo de endereços, como se nunca houvessem existido. Literalmente milhares de nomes passaram pelos meus computadores, mas muitos sumiram entre a confusão reinante e os inevitáveis gritos de "Xiiii! Deu pau!". E aqui me refiro não somente aos endereços, mas às próprias cartas, perguntas e respostas. Hoje, não sei de jeito nenhum se os leitores receberam as nossas respostas, ou mesmo se nós as enviamos.

Estava sempre nas mãos de alguém fazer aquilo que somente eu mesmo poderia – ou melhor, deveria – fazer. Mas também veja em que posição eu estava: um escritor em ascensão que tinha muita coisa para dizer, mas que não escrevia nem com uma simples máquina de escrever. Tudo bem; eu justificava essa lamentável realidade com desculpas batidas do tipo: "E Charles Dickens, que só tinha uma caneta bico-de-pena e uma vela – *a quill pen and a candle* –

para produzir as suas obras-primas?" Quanta pretensão me comparar a ele, mas era assim que eu fazia para fugir do meu medo. Pois era o medo da máquina de escrever e do computador que me impedia de crescer.

Essa situação poderia ter continuado indefinidamente se eu não houvesse encontrado uma pessoa: Daize. Nós nos conhecemos em Curitiba, onde ela mora, e logo começamos a nos corresponder. Ela me mandava *e-mails* para o escritório, e eu respondia por cartas manuscritas, indo duas vezes por semana ao correio para postá-las. Sentia-me ridículo. Passados alguns dias, cerrei os dentes e jurei: vou aprender a digitar e usar o micro. E assim fiz. Como qualquer novato, senti momentos de enorme frustração e raiva, mas, com os incentivos constantes de Daize, insisti, e hoje faço tudo sozinho, na hora que quero. Enfim, sou independente.

E como é bom abrir o *e-mail* de manhã e encontrar as cartas dos leitores! Muitas vezes começando com um elogio (suspiros de alívio, pois, como qualquer pessoa, também preciso deles), quase sempre seguido por uma pergunta a respeito de inglês. E tento responder a todos os leitores. Aliás, hoje respondo *realmente* a todos, pois eu mesmo controlo o processo. Só lamento por aqueles que ficaram a ver navios pela minha desorganização anterior. Mas, se quiser, mande já a sua pergunta (ou o seu elogio...), e farei o possível para ajudar.

Vários leitores me têm solicitado que compartilhe os outros *e-mails* que recebo. Individualmente, seria muito difícil, mas, por meio deste livro – ora nas suas mãos –, posso finalmente atender a tais solicitações. E como é bom poder fazer isso!

Não discriminei o tipo de pergunta a colocar, e fiz isso pelo seguinte: se ao menos um leitor tem certa dúvida, calculo que há de existir pelo menos outro com uma similar. Os assuntos são diversos, e tentei dividi-los dentro de certa lógica: "Gramática e Contrações"; "Pronúncia"; "Sintaxe e Expressões"; "Vocabulário"; e "Orientação". Como muitas perguntas abrangem mais de um tópico, é inevitável que haja alguma mistura, mas o assunto principal acaba prevalecendo.

Neste livro, as respostas às cartas são basicamente as mesmas que enviei aos leitores. Mas, ao organizá-lo, percebi que, em alguns casos, eu poderia ter acrescentado alguma informação. Assim, tomei a liberdade de me estender um pouco mais agora, e tenho certeza de que os leitores que receberam uma resposta um pouco diferente irão entender o motivo.

No livro, resolvi também adaptar o português dos leitores para um padrão uniforme, pois é sinal dos tempos de correio eletrônico que não seja todo mundo que passa os seus textos pela verificação ortográfica. E de modo algum é o objetivo deste trabalho provocar comentários do gênero: "Hein?! Mal sabe escrever em português e quer se meter com inglês!"

Outra coisa que acho importante frisar é que, apesar de receber comentários do tipo "Michael, você escreve português melhor que muitos de nós, brasileiros", devo lembrar o leitor de que, pelo menos para este livro e os outros, houve uma revisão, feita por um ou mais profissionais. Mas, quando respondo aos leitores, eu o faço sozinho. Portanto, quem já recebeu uma resposta minha diretamente vai provavelmente saber que, apesar de estar no Brasil desde 1967, ainda cometo erros ("barbaridades" seria muito forte?), apesar de me esforçar para evitá-los. Mas não esquento muito com isso. Faço o melhor que posso e estou sempre aprendendo e tentando melhorar. E, se você ao menos faz o mesmo com o seu inglês, ótimo! Melhor, impossível! (*It couldn't be better!*)

Só para finalizar, o que você verá a seguir são *e-mails* que já foram editados por mim mesmo. Essa foi mais uma coisa que tive de aprender a fazer no micro; mais um medo a dominar. Com um resultado tão gratificante, porém, que tive de pôr certos limites (do tipo parar para comer ou dormir), para você ver quanto gostei de fazer o trabalho. E sabe por quê? Porque havia tantas mensagens enterradas nas entranhas do computador que, ao ressuscitá-las, senti que estava me reencontrando com um monte de velhos amigos. A minha mente funciona de tal maneira que, após ter escrito qualquer coisa, parece que tudo que escrevi se apaga automaticamente.

Bom, na editoração tentei manter a essência da pergunta, sacrificando muito material humano de suma importância e interesse. Mas pouco tinha a ver com a língua inglesa. Muitas vezes, os leitores compartilham os seus medos, vitórias, anseios e planos comigo, o que me deixa muito honrado e, não raras vezes, profundamente tocado (*deeply moved* ou *deeply touched*). E, como já mencionei, muitas vezes uma carta começa com um elogio, para só depois entrar no campo de ajuda com inglês. Também aqui, por modéstia, não reproduzi esses comentários (para dizer a verdade, eu queria, mas o meu editor me persuadiu a deixar os elogios para um novo livro, que disse publicar em breve. Será que detectei um tom de complacência nele?).

Ainda sobre a organização do livro: resolvi incluir algumas seções chamadas *Why English Is Simpler than Portuguese* (Por Que Inglês É Mais Simples Que Português). É a minha tentativa de mostrar aos estudantes, de uma maneira leve, que não é só o inglês que parece difícil. As seções podem não ajudar diretamente no seu progresso com a língua, mas servem como contrapartida, para mostrar como nós, estrangeiros, podemos sofrer com a língua portuguesa.

Por fim, jamais pude imaginar, lá pelo não tão longínqüo ano de 1999, que eu estaria aqui, em frente de um teclado, digitando esta introdução e tentando compartilhar as experiências tão ricas que você, querido leitor, tem me proporcionado.

É realmente um privilégio, o qual agradeço do fundo do coração.

Dizer obrigado é muito pouco.

Gramática e Contrações

Neste capítulo, tentei agrupar questões pertinentes à gramática, mas muitas das dúvidas tratam de assuntos variados. Então, se de vez em quando você achar que estou fugindo um pouco do assunto, peço que me dê uma colher de chá.

E como é que se diz "colher de chá" nesse sentido? Alguém perguntou? Sim? Não? Bom, por via das dúvidas, vou responder. Primeiro, preciso dizer que não é *spoon of tea*! *Take it easy on you (on me)* seria uma boa opção. E, além de *Take it easy on me,* seria aplicável *Make it easy on me,* trocando *take* por *make*. *Give me a break* também é aceito, mas acho *Take it easy on me* melhor. Também bastante aplicável é *Have pity on me* ou *Forgive me*. OK? *Thanks*.

Bom, vamos às dúvidas?

Sempre tive dificuldade de entender as *tag questions*. Você poderia me explicar de uma maneira simples?

Tag questions, question tags e *tag endings* – todas significam a mesma coisa. O que são? São perguntas curtas que, freqüentemente, vêm no final de frases. Muitas vezes, são usadas para checar se algo é verídico, ou para pedir anuência. Se a primeira parte da frase é afirmativa, a *question tag* é negativa, e vice-versa. Para não haver dúvida do que estamos falando, vou destacar a *question tag* nos próximos exemplos. Perceba que os exemplos são em português – afinal, acontece a mesma coisa nesta língua.

Eles já visitaram Londres, *não visitaram*? Sim, já visitaram.
Você gostou do meu livro, *não gostou*? Sim, gostei.
Ele está mais gordo agora, *não está*? Sim, está.
Ela não come carne vermelha, *come*? Não, não come.
Os brasileiros não confiam nos políticos, *confiam*? Não, não confiam.

Só que há uma diferença em inglês. Veja o que acontece usando as mesmas frases:

They've visited London, haven't they?
You liked my book, didn't you?
He's put on weight, hasn't he?
She doesn't eat red meat, does she?
Brazilians don't trust politicians, do they?

Deu para perceber? Quando a pergunta é positiva, a *tag answer* ou *tag ending* é negativa, e vice-versa. Exatamente como em português. Mas há uma ressalva. Aliás, uma baita ressalva. O que está embutido no *tag ending* em inglês não é o verbo da pergunta propriamente dito, mas sim o verbo auxiliar, com o respectivo *verb tense.* Mesmo que o verbo auxiliar não tenha sido mencionado, e ainda que ele não seja parte ativa da pergunta inicial, terá de ser usado na *tag ending.* Olhe a lista acima. Vamos usar um exemplo que não dê margem a dúvida. Um exemplo extraído da realidade, por assim dizer: *You liked my book, didn't you?* (Claro que gostou do meu livro!)

Embora haja *didn't you* na *tag ending*, o verbo auxiliar *do* não aparece na parte inicial. Subentende-se que é *You did like my book, didn't you?* (Repare que *Did you like my book?* não levaria *tag question*. Deu para entender?) É preciso tomar muito cuidado com isso, para não correr o risco de acabar dizendo algo como *You support Corinthians, support?* ou *You liked my book, liked?*, o que estaria completamente errado. Seria mais um caso de "português em inglês", aquilo que tanto tento combater.

Interessante. Eu não pensava que as *question tags* oferecessem tantos desafios assim, mas a sua pergunta e, principalmente, a minha tentativa de responder me fizeram perceber o tamanho do meu equívoco. É complexo mesmo. Resolvi dar uma espiada no livro *Practical English Usage,* de Michael Swan (Oxford University Press), e vi que o assunto ocupa bastante espaço e é dividido em várias seções, a saber: com verbos auxiliares; sentido e entonação; solicitações; pontos avançados que incluem *aren't I?*; imperativos; *let's; there*; palavras negativas; *nothing/nobody/somebody* etc.; *non-auxiliary have*; *question tags* do mesmo sentido (*same-way*); *ellipsis*... Esse Michael Swan!

Bom, aprendi um bocado ao tentar ajudar você aqui. E a lição mais importante que extraí é que não se podem subestimar as dificuldades que o aluno brasileiro tem com certas facetas da língua inglesa. O que para mim pode parecer fácil, do tipo "Eu tiro de letra", pode não ser para quem está aprendendo, e isso também vale para mim com o português. (Pare de choramingar, Michael, e termine logo.)

Bom, tentei aqui dar uma idéia da estrutura básica do assunto, e não pretendo me alongar demais. Espero que a pincelada acima ajude você a seguir na direção certa.

Qual é a diferença entre dizer *eating is good* e *eat is good?* E entre *health problem* e *problem of health?* Por último, tenho uma dúvida a respeito da palavra *Pooh*. Ao procurar no dicionário, encontrei "excremento" (*poo; pooh*). Achei muito estranho, pois vejo a palavra escrita em mochilas escolares, com a imagem do ursinho Puffy.

A diferença entre *eating is good* e *eat is good* é muito simples: *não* se pode dizer *eat is good*; o certo é *eating is good*. Quanto aos problemas de saúde – que, espero, não sejam seus –, dizemos *a health problem*, e não *a problem of health*.

Em relação ao velho ursinho Puffy, sinto dizer que você está por fora. No Brasil, o Puffy agora é Pooh, e isso é fruto da globalização. *Winnie the Pooh* é uma personagem de livros infantis (e, depois, desenhos animados) que são publicados na Inglaterra há muitos anos e que, assim como no Brasil, continua na ativa. Em tempo: o meu amigo Andrew me disse que o ursinho foi adquirido pela Disney.

Pooh é, de fato, uma palavra infantil, que também pode ser traduzida – veja só! – por "cocô"...

Is there some [a] rule when it comes to writing words with double letters, like [such as] "office" and "commitment"?* Always I have to write these kind of words *[When I write them] I have to stop, try to remember, and sometimes look for [them up in] a dictionary.

Lamento que não haja regras, nem lógica, para escrever palavras com letras duplas, como *office* e *commitment*. Eu também, de tempos em tempos, preciso consultar um bom dicionário para checar se estou escrevendo com a grafia correta.

Sinal de que o português exerce influência enorme sobre todos nós, tenhamos ou não nascido no Brasil.

P.S. Fiz algumas correções entre colchetes. Preste atenção.

Um colega de trabalho me perguntou se a seguinte frase está correta: *When the system will be in production, the X process will be necessary anymore.*

Lamento informar que a frase do seu colega não está correta. Ele deveria ter dito: *When the system is in production, the X process* won't *be necessary anymore* ("Quando o sistema estiver em produção, o processo X não será mais necessário").

O correto é dizer *I like to drink during dinner* ou *I like to drink during the dinner*? Outra dúvida que tenho: é certo dizer *I prefer a car to a motorcycle*, como digo "Eu prefiro carne a peixe"? E "Eu estou de ressaca", como se diz?

Para "Eu gosto de beber durante o jantar", diga *I like to drink during dinner*. Para "Eu prefiro carne a peixe", use *I prefer meat to fish*. Finalmente, para "Eu estou de ressaca", escolha entre *I have a hangover* e *I am hungover*.

Afinal, bebeu muito no jantar?

Por que Elvis Presley, na canção "If I Can Dream", utiliza o comparativo de superioridade do adjetivo *blue*, que é monossílabo, como *more blue?* E por que transforma *high*, que também é monossílabo, em *higher?* O trecho da música é: *There must be lights burning brighter somewhere/ Got to be birds flying* higher *in a sky more blue*. Não deveria ser *bluer?*

Normalmente, seria mesmo *bluer*, mas não pega tão bem dizer *flying higher in a bluer sky*. Como nativo, acho que a *sky more blue* soa melhor. É o que se chama de "licença poética", recurso muito comum que é usado não só pelos poetas, mas por quem escreve e, principalmente, compõe.

Olá, amigo, obrigado pelas suas dicas. Poderia me esclarecer uma dúvida? É sobre uma antiga música de John Lennon em que, no refrão, ele dizia *I step out*, ou *I'm stepping out*.

Qual é mesmo o nome da música? Não reconheço a letra. A gramática permite tanto *I step out* como *I'm stepping out*. [Como o leitor não respondeu, fico na dúvida a respeito do contexto.] Mas *step out* e *stepping out* podem significar tanto "dar passos largos" como "sair de um recinto".

Tenho visto o uso de *she* para navios (no livro de Danielle Steel sobre o *Titanic*) e para carros (*I have a BMW, and she is very beautiful*). Porque os americanos usam *she* em frases assim?

Não são apenas os americanos. Os ingleses também, talvez até mais. Seria aceitável se referir ao seu carro como *she*, mas acho exagero dizer *She is beautiful*.

Aceitável seria *I will take "her" for a spin* ("Levarei a 'ela' para dar uma volta").

A não ser que o carro tenha se tornado um fetiche, *it* é bem mais natural. Pessoalmente, acho o fato de chamar um carro de *she* pura frescura. Para navios e certos objetos inanimados tradicionalmente vistos como "femininos", é aceitável usar *she* e *her*. Nações também, mas o inglês mais moderno prefere *it*. Por exemplo: *Brazil is a great country. It has a population of about a hundred and seventy million.*

Tudo isso é interessante para o estudante de inglês saber? Sim. Para usar? Esqueça, na minha opinião. *It* é sempre muito mais natural.

Li em um texto a frase *You've gotta be kidding,* mas não a compreendi. Aprendi que *gotta* é a contração de *have got to*. Eu diria *You gotta be kidding*. Não entendi o *you've*. Ficaria muito grato se pudesse me explicar.

Tanto *you gotta* como *you've gotta* são aplicáveis. Se for para contrair *you have got to*, ficará *you've gotta*. Contraindo *you have to*, ficará *you got to*, e então *you gotta* (sem a palavra *have*). Mas, na realidade, tanto faz um como o outro.

Nos meus quase 51 anos, dos quais 45 estudando inglês, é a primeira vez que encontro um livro sobre assuntos que nos revela segredinhos que muitos *teachers* por aí, acredito, não sabem transmitir. Após ter inflado o seu ego um pouco, aproveito para perguntar se posso dizer *I've gotcha you. Is that correct?*

Não, não se pode dizer *I've gotcha you*, pois *I've gotcha* (sem *you*) já é, por si só, *I have got you* ("Saquei! Peguei você!").

As palavras *wanna* e *gonna* são contrações ou simples vícios de linguagem? Existem advérbios para os adjetivos *fast*, *late* e *sad*?

Primeira questão: as contrações são a reprodução da fala natural; portanto, não podem ser consideradas vícios de linguagem.

Em relação aos advérbios para os adjetivos, vejamos:

Fast: não existe *fastly*. Usa-se *quickly*, *swiftly*, *rapidly*. Exemplo: *I was driving quickly to get home before the game* ("Eu dirigi velozmente para chegar em casa antes do jogo").

Late: *Lately?* Só se quiser dizer "ultimamente". Exemplo: *I've been writing a lot lately* ("Eu ando escrevendo muito ultimamente").

Sad: É *sadly*, mesmo. Tudo bem. Exemplo: *"I don't love you anymore", she said sadly.*

Eu estava tentando obter a letra de uma música do Led Zeppelin, mas nem o título eu entendi. Diz: "Whole Lotta Love". O que quer dizer *lotta?*
Quanto à música do Led Zeppelin, não há grande mistério: "Whole Lotta Love" (um rock de arrepiar, por sinal) significa "muito amor". É mais um caso de contração, em que *lotta* é a representação fonética de *lot of* falado naturalmente, tão usada na música popular.

MORE CONTRACTIONS

Percebendo o enorme interesse e curiosidade a respeito das contrações em inglês, resolvi incluir aqui uma relação que elaborei para um leitor, com alguns comentários pertinentes. Primeiro, vai uma explicação em inglês; depois, em português.

These contractions are only used in dialogue. They are extremely informal. We normally don't use them in writing, except jokingly or to represent speech. They can be and are used in song titles and lyrics.

It must always be remembered that they represent, and I repeat, only represent, the sound of naturally spoken English. They shouldn't be used for any other purpose whatsoever. Comic strips and things like that also use these contractions, so if you just happen to be a comic-strip writer in English, go ahead and use them at work. If you want to go ahead and risk using them out of context, OK. You'll run the risk of appearing not a little odd.

There is a distinct difference between them and the normal and acceptable contractions such as I am = I'm; she is = she's; they have = they've; *etc.*

The contractions which follow could be named as "spoken only" contractions, to differentiate them from the regular ones.

Essas contrações são usadas apenas em diálogos. São extremamente informais. Normalmente não as usamos em textos escritos, a não ser como brincadeira ou para representar a fala. São usadas nos títulos e nas letras de música.

Deve-se sempre lembrar que elas representam – repito, somente representam – o som do inglês falado naturalmente. Não devem ser usadas para nenhum outro propósito. Tiras, charges e outras coisas do gênero as usam. Portanto, se você for um produtor desse tipo de material em inglês, fique tranqüilo e vá em frente no seu trabalho. Se quiser arriscar fora desse contexto, correrá o risco de ser considerado esquisito, para dizer o mínimo.

Há uma distinção bem clara entre elas e as contrações normais e aceitáveis, tais como *I am = I'm; she is = she's; they have = they've* etc.

As contrações que seguem poderiam ser chamadas de "contrações apenas faladas", para diferenciá-las das contrações normais.

CONTRAÇÃO	EXEMPLO DE USO	TRADUÇÃO
outta = out of	*The mugger came outta nowhere. Sneaked/snuck up on me/ Get outta here, now!*	O assaltante veio do nada. Alcançou-me furtivamente/ Caia fora, agora!
sunavabitch = son of a bitch.	Não precisa, creio...	Filho da p.../da mãe/canalha.
gotcha = got you	*I've gotcha now. You won't get away.*	Te peguei! Não vai se safar.
betcha = bet you	*I betcha we're gonna be late. (I bet you we are going to be late.)*	Aposto que vamos atrasar.
gonna = going to	*I'm gonna do what I please. Nothing can stop me.*	Vou fazer o que eu quiser. Nada me impedirá.
oughta = ought to	*They oughta do summink about the traffic.*	Eles precisam dar um jeito no trânsito.
summink = something.		Algo
*should've = should have**		Devem
*could've = could have**		Podiam
*would've = would have**		Condicional
shaddup = shut up	*"Shaddap", he yelled at the dog.*	"Cale-se" – gritou para o cachorro.
didja = did you	*Didja remember to buy some soda? "Didja Ever Get One of them Days?" (title of a song by Elvis Presley).*	Lembrou-se de comprar refrigerante? "Já Teve um Dia Daqueles?" (título de uma canção de Elvis).
dja/dju = do you	*Dju/dja wanna cup of coffee?*	Quer um café?
lotta = lot of	*"Whole Lotta Love" (title of a song by Led Zeppelin). "Whole Lotta Shaking Goin' On" (debut hit number by Jerry Lee Lewis).*	"Muito Amor" (música do Led Zeppelin). "Quanta Zoeira Acontecendo" (primeiro sucesso de Jerry Lee Lewis).
helluva = hell of a	*We had a helluva good time at last night's party.*	Nos divertimos pacas na festa de ontem à noite.
dontcha = don't you	*"Dontcha Think It's Time" (title of an Elvis Presley song).*	"Não Acha que Está na Hora?" (música de Elvis).
woncha = won't you		Não + verbo no futuro.
gimme = give me	*"Gimme Some Lovin'" (title of a song by Spencer Davis Group with Steve Winwood). "Gimme Shelter" (song by the Rolling Stones).*	"Me Dê Amor" (título de uma música de Spencer Davis com Stevie Winwood). "Me Dê Abrigo" (canção dos Rolling Stones).
hafta = have to	*I hafta go.*	Preciso ir.
wanna = want to	*"I Wanna Be Your Man" (early hit written by Jagger & Richards and performed by the Beatles). "I Wanna Hold Your Hand" (hit by the Beatles).*	"Quero Ser o Seu Homem" (sucesso escrito por Jagger e Richards e interpretado pelos Beatles). "Quero Segurar a Sua Mão" (sucesso dos Beatles).
wannabe = want to be	*He's a wannabe singer, but he sings flat. Can't sing in key at all.* (*Wannabe*, como adjetivo, já está incorporado no inglês e é aceito como normal para descrever alguém que pretende algo, apesar de não estar qualificado.)	Ele é um aspirante a cantor, mas canta desafinado. Não sabe cantar afinado.

* Esses três casos são praticamente normais, mas, mesmo assim, devem ser evitados na escrita.

gofer = go for	*He's the gofer at the office. He goes for tea, goes for coffee, goes for a sandwich.* (*Gofer* está se tornando palavra comum.)	Ele é o faz-tudo no escritório. Busca chá, café, sanduíche.
ain't = am not/is not/are not	*I/he/she/you/we/they ain't feeling too good after eating so much.* *It ain't happening.*	A gente não está se sentindo bem após ter comido tanto. Não está acontecendo.
wimme = with me	*You comin' wimme? = Are you coming with me?*	Vem comigo?
Gotta = Got to	*It's late. I've gotta go.* *(I have got to go.)*	Está tarde. Preciso ir.

WHY ENGLISH IS SIMPLER THAN PORTUGUESE

Introdução

Recebo uma quantidade impressionante de correspondência de leitores que querem saber qual é o melhor método para aprender inglês. Outra parte considerável pede regras para isto e aquilo. Em sala de aula, adoro ouvir perguntas que começam com *How...*, mas preciso admitir que não sou muito chegado às que começam com *Why...* Muitas vezes, a frase nem é completada, ficando simplesmente no *Why?*.

Essa busca de saber o porquê das coisas não encontra muito eco comigo. O aluno parece que quer regras para explicar tudo, como se isso fosse a chave para acelerar o processo de aprender inglês. Honestamente, será que saber "por que" se dizem certas coisas em inglês vai ajudar no que a maioria diz querer fazer, ou seja, *falar inglês*? Na minha experiência, *aceitar* o idioma inglês pelo que ele é, sem analisar demais os motivos disso, é a maneira mais eficaz de progredir. *Questions?* Ótimo. *Questioning?* Nem tanto.

Conforme você verá nas seções *Why English Is Simpler Than Portuguese*, encontradas ao longo deste livro, teço alguns comentários comparativos entre as duas línguas. Faço isso no intuito de convidar o leitor a pensar um pouco mais sobre a própria língua, e sobre o seu aprendizado por nós, os gringos. Ou você acha que não sofremos com a sua belíssima língua portuguesa? Que só o inglês é cheio de truques e mistérios?

Lembro muito bem como sofri ao tentar aprender português. Digo "tentar" porque, a cada dia que passa, vejo quanto ainda me falta para aprimorar. Lá pelos hoje distantes anos de 1967 e 1968, eu chegava a chorar – literalmente; *I'm not kidding* – pela frustração que sentia. Cogitei de me mudar para a Venezuela ou a Argentina, imaginando que o espanhol seria mais fácil para mim.

Mas, graças a Deus, agüentei! Sofri, principalmente com a língua, mas agüentei, e valeu cada lágrima derramada, pode crer. Não só pela vitória incipiente sobre o português, mas também, e principalmente, por estar aqui neste Brasil, que tanto tem me proporcionado alegria, crescimento, oportunidades. Claro, há o lado negativo também. Qual país não distribui, por vezes de uma maneira tão desigual, a sua parcela de desafios, dificuldades e até derrotas? A minha terra natal, a Inglaterra? Os Estados Unidos? Claro, não existe país perfeito; cada um tem seus pró e contra. Mas, para mim, o Brasil sempre ofereceu mais vantagens que desvantagens. E não quero dizer com isso que só vivo aqui para levar vantagem e me aproveitar dos outros. Não sou partidário da lei de Gérson. Tento retribuir tudo o que recebi deste país excepcional, e este livro, ora nas suas mãos, quer ser uma prova das minhas intenções. Vim, e fiquei, pelo fato de o Brasil ser um país que oferece, se não tudo, pelo menos boa parte daquilo que procuro na – e para – minha vida. Boa gente, ótimo clima, hospitalidade, cultura e, talvez acima de tudo, calor – não apenas o do clima, mas o de uma maneira de viver. Calor humano para valer. Só que, como nem tudo é um mar de rosas, o Brasil oferece um desafio peculiar – a língua portuguesa.

Why English Is Simpler Than Portuguese representa a minha resposta aos que insistem em dizer que aprender inglês é difícil – e que, em contrapartida, tendem a pensar que português é fácil. Posso concordar que aprender inglês é, de fato, difícil. Fazer qualquer coisa boa, e bem-feita, é sempre tarefa difícil. As coisas "más" são os fáceis.

Por falar nisso, "más"? Ou seria males, mals, mãs, maus? Ao longo da seção, vou fazer assim. Quando eu estiver com uma dúvida sobre português, vou colocar primeiro o correto, seguido das opções que passam pela cabeça de um gringo fictício até acertar. Qualquer semelhança entre mim e o meu gringo fictício é (ou será?) mera coincidência. Só espero acertar de primeira. Bom, vamos voltar ao que eu dizia. "Más" são as coisas que não prestam. Aí, sim, aprendê-las fica fácil. Tomar drogas, gastar dinheiro sem responsabilidade, assistir TV (tornando-se uma *couch potato*)* sem fazer mais nada na vida é que é fácil.

No entanto, considero inglês simples. Repare bem, eu disse simples. Na minha visão, "simples" não é, nem nunca será, sinônimo de "fácil". O antônimo de "simples" é "complexo", ou "complicado". E é aí que coloco a língua portuguesa. Os brasileiros ficam em geral admirados – e até orgulhosos – com as dificuldades da sua língua materna, mas raramente se dão conta, realmente, de

* Literalmente, "batata de sofá". Termo usado para indicar alguém, normalmente obeso, que fica plantado em frente da TV, beliscando algo o tempo todo e tendo uma cerveja ou outra bebida na mão.

como o português é uma língua complexa de verdade. Afinal, aprenderam português sem sofrimento. Parece que muitos, principalmente os mais jovens, querem que o inglês seja aprendido da mesma maneira indolor. Para esses, tenho uma triste notícia: *mamãe talvez nem sequer saiba falar inglês!*

So, you're on your own! Welcome to the real world!

Por fazer parte deste universo gigantesco de ensino e aprendizado de línguas, achei oportuno compartilhar a minha visão, admito às vezes um tanto peculiar, da língua portuguesa. Jamais espero que seja levado a sério. Se fizer com que os estudantes de inglês vejam por esse outro prisma a realidade das línguas e o seu aprendizado, já me darei por satisfeito. Não espero receber dos leitores aulas nem esclarecimentos sobre o português (embora estes nunca sejam desprezados). Não é o meu intuito criar nenhum tipo de polêmica, mas apenas mostrar aos que reclamam das dificuldades de inglês que eles já dominam uma língua que eu considero muito difícil, mas que vale a pena ser aprendida – vale, sem sombra de dúvida. Daqui para a frente, nesta seção, vamos ver algumas das minhas dificuldades.

Lendo o encarte de um CD, encontrei a seguinte frase: *When Coverdale* did return, *his voice as strong as ever, Whitesnake laid claim to superstardom with the phenomenal success...* Já não é a primeira vez que observo construções como esse *did return* para expressar passado. A dúvida é: por que não usar *returned*? Tem alguma coisa a ver com aquele uso de *do* como enfático?

Sim, você já matou a charada. O uso de *do, does, did* nessas construções serve para dar ênfase. A frase fica mais forte e, às vezes, até demonstra surpresa, quando usada assim. Normal: *When he finally spoke, I was surprised.* Agora, usando *do*: *When he* did *finally, speak I was pleasantly surprised.*

Sou professora de língua inglesa há dois anos e até hoje ainda tenho dúvidas a respeito de *countable nouns*. Tenho problemas não em identificá-los, mas em contá-los quando necessário.

Por exemplo: *cheese – one pound.* Essa é a única forma correta de contar *cheese*? Outro exemplo: *pizza* – como determinar a quantidade de pizzas que o freguês quer comprar, já que pizza é incontável? Estive pesquisando na Internet, e o que achei foram formas simples e já conhecidas. Por favor, gostaria que você me indicasse um livro onde pudesse estudar mais a respeito... se é que existe tal livro!

Contá-los? Pode começar com *one, two, three*... Brincadeirinha... Pessoalmente, não conheço livro que trate do assunto especificamente. Mas tome cuidado! Essa história de *cheese* não ser contável pode traí-la, pois não seria anormal dizer, por exemplo: *France is famous for its cheeses*. Outro exemplo contando queijo seria: *There are three cheeses I like very much – Stilton, Cheddar and Danish Blue*. E não vejo nada de errado em dizer *There were ten of us, and we ate four pizzas*. A massa da pizza (*dough*) pode não ser contável, mas certamente se contam pizzas.

E não se esqueça de que você sempre poderá "contar" com aquela palavrinha – *some* – se estiver em dúvida sobre o que contar. Se não quiser contar as coisas, use *some*: *some cheeses, some pizzas* etc.

Tenho uma dúvida a respeito de *fly*. Discutindo a frase *Fruit flies like a banana* com os meus amigos de trabalho, houve uma controvérsia sobre se essa frase estaria correta quanto ao uso do artigo indefinido *a* (um, uma). O meu chefe, que fez curso de letras, disse-me que a frase correta seria *Fruit flies like banana*, sem o artigo *a*, pois a tradução em português ficaria "Drosófilas gostam de banana". Eu deduzi que o uso do artigo se referiria ao tipo de banana, como em *Fruit flies like a kind of banana*; mas, aí, pensei: *which kind of banana does fruit fly like?* E agora? O meu chefe está certo? Se não está, devo puxar o saco dele?

Você está prestes a entrar num dilema corporativo. Podemos tanto dizer *Fruit flies like bananas* como *Fruit flies like a banana*. Mas não se pode dizer *Fruit flies like banana*, sem o plural ou artigo.

Agora, permita-me puxar a sua orelha. A frase *Which kind of banana does fruit fly like?* está errada. Deve-se dizer *Which kind of banana does a fruit fly like?*, ou, ainda, *Which kind of banana do fruit flies like?*.

P.S. Quanto a puxar ou não o saco do seu chefe, a decisão é exclusivamente sua. Eu só opino sobre assuntos de inglês.

Tenho muitas dúvidas, mas o que me chama a atenção é o uso de *upon*, pois não entendo a diferença entre *on* e *upon*. Qual a regra?

O uso de *upon* transmite uma idéia de movimento, de transição. Como basicamente a palavra é composta de duas preposições, há mais de um movimento acontecendo, e a palavra se torna mais descritiva. Mas há restrições. Veja bem: *He put the book on* (ou *upon*) *the table*. Mas: *Hand me the book on* (e não *upon*) *the table*. Aqui, *on* é mais estática; *upon* é mais dinâmica. Não há regra, mas o que você pode fazer é tentar sentir as diferenças no uso. E sempre há os livros de gramática para ajudar.

Tornei-me professor de inglês há pouco mais de um ano e pude presenciar muitas atitudes que, acredito, são comuns nos cursos do Oiapoque ao Chuí. O que eu considero mais grave é a falta de conscientização de alguns alunos a respeito do papel ativo que eles têm na construção do próprio aprendizado. Muitos acreditam que os poucos minutos dentro da sala de aula podem lhes dar a fluência necessária. Costumo dizer aos meus alunos que *English is easy, but not effortless.* Agora, como não poderia deixar de ser, vou explorá-lo um pouco. Há duas semanas, um aluno veio tirar uma dúvida sobre *will* e *going to*. Ele cursa o ensino médio, e o professor do colégio lhe disse que *will* não é usado para planos. Existe diferença entre falar de decisões previamente tomadas (usa-se *going to*) e falar de decisões imediatas (usa-se *will*). A explicação que já li refere-se justamente ao caráter espontâneo da decisão imediata, com o que concordo plenamente. Não concordo com o ponto de vista do professor, pois não acredito que uma regra gramatical possa ser tão hermética. Acredito que *will* possa ser usado para planos, sim, nem que seja um que acabou de ser feito. A não ser que "decisão", "intenção" e "plano" não possam ser sinônimos.

Concordo com você em que a gramática da língua inglesa não é nada hermética. A meu ver, dizer *I'll study in Europe next year* é perfeito e não tem nada que soe estranho. É apenas uma das maneiras de se expressar e se comunicar com eficácia. Não creio que exista questão de tempo (ou validade) no uso de uma forma ou outra. É claro que planos, decisões e intenções podem andar de mãos dadas, graças a Deus. A formalidade tem o seu peso nessas construções, mas vale mais o bom senso.

Meus parabéns pelas suas atitudes e pelo seu óbvio sucesso.

Ah, e adorei o ditado *English is easy, but not effortless. So true.* Eu só trocaria a palavra *easy* para *simple*.

Gostaria de saber se há alguma explicação para o pronome *I* ser escrito sempre com maiúscula. Foi convencionado? Ou tem alguma origem?

Interessante. Já respondi a essa pergunta um montão de vezes. É o tipo de dúvida que nunca ocorre com os falantes nativos da língua inglesa. Bom, não sei se isso é verdade. Só posso falar por mim. Nunca tinha pensado no assunto. Só posso presumir o seguinte:

1. Uma letra pequena, sozinha, sem acompanhante (*i*), fica muito solitária, até esquisita. "Eu" (*i*) sozinho – que coisa triste! *Me* nem tanto, pois as letras *m* e *e* formam casal. Então, o *i* precisa crescer para *I* para ser um pouco mais presente, enquanto aguarda o parceiro.
2. Pode-se considerar *I* alguém superimportante, merecedor de uma letra maiúscula só por si, e por si só.
3. Convencionou-se assim.
4. Para que "eu" seja bem-visto e bem visível, *I* em vez de *i*. Aí, ninguém corre o risco de não enxergar *I*.
5. Também é interessante o fato de que *I* se originou do inglês médio e antigo *ic* – aí, sim, escrito com minúsculas.

Diga-me uma coisa: em inglês não há diferença entre "rindo para mim" e "rindo de mim"? É somente *laughing at?*

Realmente, só dizemos *laughing at (someone)*. Mas, pensando bem, acho um pouco esquisito alguém dizer, mesmo em português, "rindo *para* mim". "Sorrindo para mim" ainda vai, mas "rindo *para*"... O que você acha? "Rindo *de* mim" me parece bem mais natural.

Podemos usar também a expressão *laughing to myself*, quando não queremos que outra pessoa nos veja rindo, ou quando estamos a sós. Bem menos comum – mas muito saudável – é a expressão *laughing at myself*, usada quando se diz uma besteira e imediatamente o fato é reconhecido (pelo próprio autor da asneira).

Estou com uma dúvida, e espero que você me ajude. Qual a diferença entre *I have lived in São Paulo for ten years* e *I have been living in São Paulo for ten years*? Meu professor me disse que, no primeiro exemplo, quando uso *I've lived*, entende-se que estou de saco cheio de morar em São Paulo. E que, no segundo exemplo, quando uso *I've been living*, entende-se que acho legal estar morando em São Paulo. Para encerrar, gostaria de saber se, em ambos os casos, ainda estou morando em São Paulo ou não.

I have lived in São Paulo não dá sentido de "saco cheio", nem *I have been living* dá sentido de "legal" ou "bom". Sim, em ambos os casos, você continua morando em São Paulo. *And why not? It's a great place to be* ("E por que não? É um ótimo lugar para viver").

Uma banda de rock (seus patrícios do Oasis) tem uma composição que diz o seguinte: *Did you ever feel the pain?* Não seria: *Have you ever felt the pain?*
Não há diferença entre as frases. Apenas uma usa o *present perfect* e a outra o *past simple*, e não há nada errado. Embora o Oasis seja uma banda britânica, eles adotaram a forma comum em inglês americano.

Como se diz "reticências" (...) em inglês? Também são conhecidas como "três pontinhos"?
Em inglês, "reticências" são *suspension points*. Como indicam uma elipse, são chamadas assim também – *elipse*.

Posso passar muito tempo aqui escrevendo. Deixe-me contar a última: liguei para o meu irmão e contei a ele do meu desejo de falar uma nova língua. Ele sabiamente me incentivou, contando que a filha, quando solicitada no colégio a conjugar o verbo *to be*, respondeu prontamente: "Eu tube, tu tubes, ele tube..."
Adorei os seus "tubes e tubes"! E agora sei de onde vêm os Teletubbies!

Na canção "Sacrifice", Elton John diz: *...and it's no sacrifice, just a simple word. It's two hearts living in two separate worlds.* Gostaria de saber por que é *It's two*, se *it's* é singular.
Não será nenhum sacrifício lhe dar esta resposta: na letra, *it's* refere-se ao *sacrifice* (singular), e não aos pobres corações separados.

Há um tempo eu estava assistindo à CNN, e surgiu no rodapé da tela (não sei se é assim que se chama) uma informação sobre a guerra no Afeganistão. Estava escrito: *Talks on Afeghanistan*. Dias depois, assistindo ao *Jornal da Band*, que relatava uma reunião que aconteceu na Europa com políticos e líderes de vários países do mundo e que também discutiu a situação do Afeganistão, lá estava de novo: *Talks on Afeghanistan*. Aprendi que, quando se fala de alguém ou de alguma coisa, diz-se "sobre", ou *about*. Tenho certeza de que a CNN e os políticos europeus estavam certos, mas qual a diferença no uso de *about* e de *on* ao nos referirmos a alguém ou alguma coisa?"
Realmente, parece-me mais natural nesse contexto o uso de *on* em vez de *about*. Usamos *about* para falar sobre tipos de comunicação mais comuns. *On* sugere que o assunto é mais sério, talvez até para especialistas. Pensei em

alguns exemplos que talvez ajudem: *a book for children* about *Brazil*, mas a *textbook* on *Brazilian history*.

Quando devo usar o verbo no infinitivo? Por exemplo: *I need to buy a car* ou *I need buy a car*?

I need to buy a car é correto. Já *I need buy a car* é inaceitável, pois *need* é sempre seguido de *to*. Aliás, *to* faz parte do *modal verb need to*. No entanto, *I need buy a car* adquire certa lógica quando comparado com o negativo *I needn't buy a car*, em que *to* é omitido.

Há bons livros de gramática inglesa que explicam essas questões muito melhor do que eu. Caso tenha muitas dúvidas da mesma natureza, sugiro investir um pouco, adquirindo um livro voltado para as suas necessidades específicas.

Tenho três dúvidas específicas quanto ao uso de *of*. Nos casos abaixo, qual seria a forma correta? 1. Caixa de plástico: *plastic box* ou *box of plastic*? 2. Máquina de corte: *machine of cut* ou *cutting machine*: o uso do *-ing* é necessário? 3. É possível dizer *pie of apple* em vez de *apple pie*?

Vamos lá:

1. *Plastic box* é o correto.
2. Somente *cutting machine*.
3. Não, apenas *apple pie*. Aliás, escrever ou dizer *pie of apple* é possível – afinal, você acabou de escrever, e eu também. A propósito, é por isso que dizem que o papel – e o computador – aceita tudo. Portanto, é possível escrever *pie of apple*? Sim. É correto? N-Ã-O.

Sei o que é *present perfect*. Entendo a teoria, mas não consigo colocá-la em prática! O senhor teria alguma dica para me ajudar nesse assunto?

Acho que o uso do *present perfect* é questão de treino, prática e bastante leitura. Todos os livros de gramática também tratam do assunto. Uma boa dica talvez seja: preste bastante atenção ao uso do *present perfect* em filmes, para acostumar melhor o ouvido ao seu uso. Ajuda bastante. Alguns estudiosos consideram que o *present perfect* é mais para ser "sentido" que estudado e analisado. Concordo que, em muitos casos, é isso mesmo.

Tenho comigo um excelente livro: *Present Perfect – Aquisição e Ensino*, de Melissa Santos Fortes (UPF; 144 páginas). Além do ótimo livro, a Melissa é gente-boa. Mas, repare bem, vou escrever o número por extenso: cento e quarenta e quatro páginas! Só de *present perfect*! Quer que eu faça um resumo? Pensando bem, deixo para você quando adquirir o livro. Não tenho espaço aqui (Que desculpa mais mexerica! Como fazer um resumo de algo tão bem-feito assim?)

Calma, calma. Errei propositalmente aí atrás, escrevendo "mexerica" em vez de "mixuruca", só para poder contar uma história real, de anos atrás, a meu respeito (aliás, tudo o que eu escrevo e conto aqui e acolá é verdade; aconteceu de fato). Ganhei uma televisão numa rifa. Era um modelo preto-e-branco. Mesmo assim, fiquei feliz. Mas, ao receber o prêmio, não quis dar o braço a torcer e disse: "Mas que TV mexerica!" A turma caiu na gargalhada. E está rindo de mim até hoje. Eles até fizeram um cartaz que mostrava uma tangerina com cara de TV! Por que as pessoas fazem tanta crueldade?

Moral da história? Para aprender uma língua, temos que errar. Faz parte.

Como o senhor poderia me ajudar na conjugação do verbo *can*?

Em primeiro lugar, é importante lembrar que *can* não é verbo, exceto quando *to can* for empregado no sentido de "enlatar", pois uma *can* (substantivo) é uma lata, como no exemplo: *Ambev cans a lot of soda* ("A Ambev enlata muito refrigerante"). Aí, o verbo é regular: *canned*; *canned*.

Você deve estar se perguntando: se *can* não é verbo, o que é então? *Can* é o que chamamos de *modal verb*, *modal auxiliary*, *auxiliary verb* ou simplesmente *modal*. *Modals* modificam os verbos. Veja três exemplos com *work*: *I can work* ("Eu posso/sei trabalhar"); *They could work* ("Eles poderiam trabalhar"); *She must work* ("Ela tem que trabalhar").

Can, could, must, should, will, have to, may, might etc. são *modal verbs*, todos tendo funções específicas. Em quase todos os livros de gramática, você encontrará explicações e exercícios a respeito, pois o assunto é vasto e muito rico.

A minha professora de inglês me pediu para explicar as palavras *afterwards* e *indeed*. Terei de dar uma "aula" sobre elas, e confesso que ensinar ou ser professora não é algo muito fácil para mim. Se o senhor puder me dar uma explicação de como e quando essas palavras são usadas, ou me dizer se existe alguma regra para usá-las, ficarei grata.

Afterwards (ou *afterward*) é um advérbio que significa "subseqüentemente; depois de um evento que já ocorreu". Exemplos: *We went to a movie and for dinner afterwards* ("depois"); *Let's go now while the sun is shining: it may rain afterwards* ("mais tarde").

Indeed: essa é mais complicada. Em primeiro lugar, é uma palavra usada como conector de frases, significando "certamente", "realmente". Exemplos: *Indeed, it may never happen* ("Certamente, de fato, pode nunca ocorrer"). Outro uso é como intensificador: *That is indeed fantastic* ("É mesmo fantástico").

Mas não pára por aí. Em *Do you love her?* ("Você a ama?"), a resposta pode ser: *Indeed I do* ("Amo mesmo, com certeza, claro" etc.). Nesse caso, é um advérbio que, em inglês, chamamos de *adverbial intensifier*. Ufa!

Ufa, nada! Ainda não acabou. *Indeed* também pode ser interjeição de dúvida ou surpresa, embora permaneça como advérbio, a exemplo do diálogo a seguir: *"I will win the Boston Marathon this year." "Indeed?"* (Na verdade, quero dizer que não acredito, mas transmito isso muito mais pelo tom da voz que pelas palavras.)

Quando posso usar a expressão *I will be ...ing it by tomorrow?*

Em primeiro lugar, se eu fosse responder francamente à sua pergunta, teria de responder... nunca. O problema é a inclusão da preposição *by*, que nesse caso, em português, só pode ser "até". Se dissesse *I will be ...ing it tomorrow*, não haveria problema. Mas, com o uso do *verb tense future continuous/progressive*, elimina-se a possibilidade do uso de *by*, pois a preposição *by* vai indicar um ponto-limite no futuro.

Com *tomorrow* na jogada, você automaticamente terá de usar o *future perfect*. Mas, pode crer, se puder evitar será bem melhor, tanto para o aluno quanto para o professor. Aí, o seu exemplo vai se tornar *I will have (infinitive) it by tomorrow*.

WHY ENGLISH IS SIMPLER THAN PORTUGUESE

Part I – Masculine and Feminine

Vamos falar de pessoas, no masculino e na feminina... (Sei, sei! Não é feminina, é feminino, adjetivo masculino para "mulheres". Muito bom, hein!) Pois bem, imagine a seguinte situação:

Eu e um colega acabamos de ver dois homens conversarem animadamente e vamos comentar esse fato "extraordinário" com outra pessoa. O meu amigo relata: "Michael e eu vimos duas pessoas conversarem. *Elas* estavam conversando animadas". Mas eu sei que eram (foram?) dois homens; portanto, a minha tendência será dizer: "Vi duas pessoas conversarem. *Eles* estavam conversando animadamente". Errado, Michael! Eram pessoas, duas pessoas.

Assim, o correto é (a minha verificação ortográfica está querendo que eu escreva "são elas", mas não é isso que quero dizer – você me entende?) *elas*. Não obstante o que você queira, as regras do português não vão se curvar às suas vontades.

Outro dia, quase escrevi "uma mapa". A tentação foi (ou era?) grande, mas me contive a tempo. (Ou é "em tempo"? Em inglês, é *in time*.)

Uma das primeiras regras que aprendemos a respeito do português é que os substantivos são masculinos ou femininos. Depois de passada a surpresa ou choque inicial, nós nos conformamos ("conformamos-nos?") com essa realidade cruel. Em português, há sexo em todas as coisas. (Quisera eu ter tanto!) Mesa é mulher! Piso é homem! E ai de nós, curiosos e curiosas, se perguntamos por que é assim. Para nós, simples falantes de inglês, questões de sexo são reservadas às coisas obviamente masculinas (eu, por exemplo) e femininas (Julia Roberts e Cameron Diaz). Os pronomes *she* e *he*, os possessivos *hers* e *his*, os objetos *her* e *him* e... acabou-se. Em inglês, nós nos referimos ao sexo dos homens, das mulheres, dos gatos, cachorros e outros bichos do reino animal e pronto: esgotaram-se aí as questões masculinas e femininas. Mas, com o português, não: a questão está (estar?) apenas começando.

Bom, a duras penas, mas com muita (muito?) boa vontade, aprendemos e aceitamos que as coisas têm gênero. Uma das primeiras coisas que aprendemos é que as palavras que terminam com *o* são masculinas e que as que terminam com *a* são femininas. Mas aí vem alguém e diz: "Bom dia". Como assim? Não deveria ser "Boa dia" ou "Bom dio"? Mas, como ia dizendo, aprendemos que os adjetivos em português vêm após o substantivo (mas, é claro, nem sempre), ao passo que em inglês vêm antes. Sim, posso arriscar: sempre. Em português, além de engolir esse fato, precisamos aprender a lidar com as exceções. É "bom dia" mesmo (mas tivemos um dia bom no trabalho hoje), e não é "minha guarda-roupa", mas "meu guarda-roupa". Porque "guarda-roupa" é substantivo masculino. E "dia", quem diria, também.

Eu me lembrei de um diálogo engraçado que, volta e meia, tenho com os meus filhos, em casa.

Filho(a): "Pai, cadê a minha camiseta?"

Eu: "Estar na minha guarda-roupa".

Correção do filho(a): "Na minha não, no meu".

Eu: "Na seu não, na minha".

Juro que esse tipo de diálogo é comum. Posso perguntar, ou pelo menos perguntava quando tinha mais cabelo (por que não cabelos, se em inglês *hairs* significa "fios" de cabelo?): "Alguém viu minha pente?" Posso dizer "Recebi uma telefonema de fulano"? Não só posso, como de fato faço (faço-o?; o faço?; faço o?) com freqüência, e não me sinto constrangido em (ou ao?) admitir isso. Desculpe-me, mas, apesar de tanto tempo aqui, ainda sou bem capaz de errar o sexo dos artigos e dos substantivos. Para mim, não há lógica atrás da escolha. Afinal, não aprendi naturalmente quando era criança; não foi algo que aprendi no colo da minha mãe. (Mas nem tudo está perdido: ela me ajudou bastante com o inglês.)

Há várias maneiras de aprender e decorar as coisas. Tive dificuldade de lembrar a diferença entre um lenço e um lençol, por exemplo, até que um colega de trabalho me fez perceber que eu não dormia num lenço, nem usava lençol para secar as mãos, e aí ele me disse: "Michael, é fácil. É só lembrar que um lenço tem cinco letras e um lençol – que é maior – tem seis". Nunca mais esqueci.

Estou montando uma banda que tocará sucessos dos anos 70 e se chamará *Seventies Company*. Como devo escrever: *Seventies Company* ou *Seventies's Company*? Qual é a forma correta?

As duas formas são corretas, mas *Seventies* ou *70s*, sem o apóstrofo, é hoje a mais aceita e – acho – mais elegante. A propósito, cadê o convite?

Tenho várias dúvidas: 1. Já vi por duas vezes numa revista em quadrinhos (de autoria estrangeira duvidosa) a construção: *He is my bestest friend*. Existe *bestest*? 2. Há diferença entre *talk to* e *talk with*? 3. Como é "corno" em inglês? 4. Podemos chamar a porca (do parafuso) de *screw* também? 5. Existe realmente pronúncia diferente para *either* e *neither*? É uma diferença entre o inglês americano e o britânico? Qual forma usar para o americano?

Wow! Quantas dúvidas. Vamos lá!

1. Não, não existe *bestest*, nem *bests*. *Best* é o superlativo do adjetivo *good*, e adjetivos não levam plural. Mas é possível ver esse tipo de vocabulário em revistas infantis do tipo *Mônica* e *Cascão*. Não que eles sejam publicados em inglês (pelo menos, se são eu não sei). Falo dos *comics* (gibis), em geral. Já imaginou a turma do Mauricio de Sousa em inglês? Que salada lingüística seria!

2. Tanto faz usar *talk to* como *talk with*. *Talk with* seria talvez mais comum entre os americanos do que *talk to*. Será que eles não andam escutando muito português?

3. Que eu saiba, não existe uma palavra para "corno", exceto *cuckold*, por sinal bastante antiquada. Não é que não existam cornos ingleses ou americanos;

apenas não usamos um nome específico. Recorremos mais à descrição dos fatos, por exemplo: *His wife is running around with another man*; *She is cheating on him*; *She is seeing another man*; *She cheats on her man*.

Aliás, "corno" é só no masculino? Será que não existe um termo feminino? Corna? (*Just a suggestion.*)

4. *Screw* é "parafuso". "Porca" é *nut*. Aliás, a palavra *nut* é interessante. Além de "porca", é "doido"; e *nuts*, como adjetivo, é "louco" (*He is nuts* = *He is crazy* = *He is a nut*). *A nut* é "uma (qualquer uma) noz" (*Brazil nuts* são "castanhas-do-pará"); já no plural, *nuts* significa os testículos masculinos. (Testículos masculinos? Uai! Será que não entrou um pouco de redundância aí? Ou testículos femininos seriam "testículas"?) *Peanuts*, além de ser o Minduim (a famosa personagem do falecido cartunista Charles Schultz), são "amendoins".

5. *Neither* pode ser */ni-tha/* ou */nai-tha/*. *Either* é */i-tha/* ou */ai-tha/*. Pelo que tenho ouvido, não há, hoje em dia, uma pronúncia fixa para o inglês britânico nem para o americano.

Estava conversando com uma professora, e ela me perguntou se, em inglês, existe locução adjetiva e locução adverbial, pois um aluno a questionara sobre o assunto. Por favor, pode me indicar onde posso obter tais informações?

Onde as obter? Aqui, *of course*. Sim, existem. Chamam-se *adjective clauses* e *adverbial clauses*. Pessoalmente, nunca entendi por que os alunos querem tanto entrar no campo da gramática portuguesa para entender o inglês, a não ser que já estejam bastante adiantados, a ponto de precisarem realmente saber desses detalhes. Mesmo assim, não vejo muito sentido.

Quando utilizamos a expressão *I'm living*?

I'm living quer dizer apenas "estou morando". Pode ser também "estou vivendo". Sempre acho interessante lembrar que o português permite essa distinção, o que não ocorre em inglês.

É a forma *present continuous* ou *present progressive* do verbo *to live*. Três exemplos: *Where are you living now* ("Onde está morando agora")?; *I'm living in São Paulo* ("Estou morando em São Paulo"); *I am thinking of living with my girlfriend* ("Estou pensando em morar com a minha namorada").

Esses *verb tenses* indicam uma ação que está acontecendo no momento, ou aproximamente. Pode-se dizer, por exemplo, "Estou morando em São Paulo", mesmo que no momento em que se esteja dizendo a frase o falante esteja em Londres. A mesma coisa se aplica ao inglês.

Posso lhe sugerir um bom livro de gramática? *Essential Grammar in Use*, de Raymond Murphy (Cambridge University Press). Tomara que os meus livros vendam tanto!

É possível, em algum contexto, dizer *hear to* (como em *People hear to music that is fun and upbeat*)? É possivel a seguinte frase: *I have been finishing reading the book I borrowed from the library last week*? Ou o correto seria *I am finishing reading...*?

Cuidado: o verbo *hear* não é seguido por *to*. Podemos apenas ter *listen to*, pois, nesse caso, *to* é uma preposição que segue um verbo e é seguida por um objeto. Por outro lado, seria até possível, numa frase como *I want to hear (him) to understand him better*, pois o verbo *hear* está seguido por outro verbo no infinitivo.

Agora, a segunda dúvida. Pode-se dizer *I have been finishing the book*, mas não *I have been finishing reading the book*. *I am finishing reading* seria aceitável.

No entanto, todas essas frases são desnecessariamente complicadas. Basta dizer *I am finishing the book* ou *I have finished (reading) the book*. Resolvida a questão.

Tendo dito isso, volto à primeira questão para reforçar. Não, *people* hear to *music* não é possível! Está errado, e como dói no ouvido!

***I've been reading the book* Lost Horizon *from [by] James Hilton and I read something that [said]: "Soon after the journey to Sangri-la was begun..." What is that [this]? Past tense with past participle???? Can you explain that to me??? I understood what he was trying to say, but I don't know this tense. Sorry about my grammar!!!! I've decided to write everything to you in ENGLISH from now on. If I have made some mistakes please be [feel] free to correct me. I'm not afraid of criticism* ["Estou lendo o livro *Lost Horizon*, de James Hilton, e li: *Soon after the journey to Sangri-la was begun...* O que é isso? *Past tense* com *past participle*? Pode explicar? Eu entendi o que ele quis dizer, mas não compreendi a sentença. Peço desculpas pela gramática! Decidi escrever tudo para você em inglês de agora em diante. Se cometer algum erro, sinta-se à vontade para me corrigir. Eu não tenho medo de crítica."]**

Ah! Então não tem medo de crítica? Parabéns! Eu morro de medo dela, mas acho que faz parte. *Was begun* é voz passiva (*begin*; *began*; *begun*) e significa que ninguém em específico iniciou a viagem, ou que pelo menos não é importante quem a iniciou. O importante na frase é que a viagem foi iniciada por alguém, não importa quem.

Sugiro que você dê uma revisada nos livros de gramática a respeito do passivo.

P.S. Tomei a liberdade de incluir algumas correções entre colchetes; poucas, como você viu.

Ainda tenho dúvidas sobre estes *phrasal verbs*: *fill in* e *fill out*. Por exemplo: quando se usa *fill in a form*? E quando se usa *fill out a form*?

Ao lidarmos com formulários, podemos usar os dois: *fill in* e *fill out*. Normalmente, preencheremos as partes em branco *in* ou *on a form*. *Fill up a form* também é possível.

Xiii! Ao introduzir *fill up*, percebo que, em vez de esclarecer, incorri no risco de complicar. Fazer o quê? *Fill in a form* seria mais comum na Inglaterra; *fill out a form* mais comum nos Estados Unidos.

Você tem alguma idéia a respeito da origem da expressão *have got*? Fico na dúvida, porque é *present perfect* na formação e *present simple* no sentido. Ademais, leva o verbo *get*, que não parece ter nenhum sentido real. Claro, quando estou lecionando, nunca entro profundamente no assunto, fazendo os alunos entenderem que é a mesma coisa que *have*. Mas um aluno quer saber e está comigo há cinco anos, o que o coloca como aluno avançado, e acho que ele merece uma resposta à altura, especialmente porque eu não consegui responder...

Não, para ser bem franco, não tenho a mínima idéia de como explicar *have got*, quanto mais a sua origem. Mas eu questionaria o motivo pelo qual um aluno fica tão fissurado nesse tipo de questionamento. Não o levará a lugar nenhum e, com certeza, não o ajudará a desenvolver habilidades de comunicação. Por que será que alguns alunos simplesmente não aceitam as coisas como são, até desperdiçando o tempo do professor e o deles mesmos?

Eu acabei de ler que o adjetivo *beautiful* não se aplica aos homens. Como explica uma canção de John Lennon que diz assim: *Beautiful, beautiful, beautiful... Beautiful boys*?

John Lennon podia dizer qualquer coisa (e quase sempre dizia mesmo). Normalmente – repito, normalmente –, não se usa *beautiful* para homens. Mas acho que a letra usa a palavra *boy* no singular, e ele estava se referindo ao filho, recém-nascido. Aí, sim, para bebês, pode-se usar o adjetivo *beautiful*. Sei disso porque, segundo me dizem, sempre usavam para se referir a mim (e ainda usam).

Excetuando-se casos como esse, é preferível usar *handsome*.

Desculpe incomodar, mas peço que você veja se estas duas frases estão corretas: 1. *I'd like to go to Japan because since I was a little boy I love Japan.* 2. *I would do a lot of things that I always wanted to do there.*

Não é nenhum incômodo: é a função do professor. A primeira se deve ler: *I'd like to go to Japan because since I was a little boy I* have loved *Japan*. Trata-se de um caso clássico do uso e da necessidade do *present perfect*. Desde a infância até o presente. Que interessante: se mudasse a pontuação e sintaxe para *I'd like to go to Japan, because I love Japan*, não precisaríamos mais do *present perfect*, já que a palavra *since* estaria eliminada. Lembre-se de que *since* é sempre uma indicação de que o *present perfect* está rondando a cena do crime. A segunda não tem problema nenhum, está correta. Poderia ser também: ...*that I've always wanted to do there*.

Eu gostaria de saber qual é a colocação correta do advérbio de freqüência numa frase negativa: *I don't usually go to his house?* Ou *I usually don't go to his house?*

I don't usually go to his house é muito mais comum. *I usually don't go to his house* é pouco freqüente e até não-natural.

Agora, não fuja do assunto: afinal de contas, por que é que você não freqüenta a casa dele assiduamente? Posso saber?

***I would like you to explain [something] to me about another subject.* It's about *[It concerns] "how". Everytime we* learn *[study] the verb "to know", there is* an *[some] advice concerning its use. When I want to express any skill I have to use [it] this way: I know how to cook, I know how to drive, and so on. But my doubt is: If I want to say only "I know to cook" or "I know to drive", where is the error? Is the word* how so *important in this case? Don't I* get to pass the message *[get my idea across] correctly without putting it before the following verb?* ["Eu queria que você me explicasse a respeito de outro assunto: o uso de *how*. Cada vez que estudamos o verbo *to know*, há conselhos quanto ao uso. Quando quero expressar as minhas habilidades, eu preciso usar assim: *I know how to cook, I know how to drive*, e assim por dian-**

te. Mas a minha dúvida é: se eu quiser dizer apenas *I know to cook* ou *I know to drive*, onde está o erro? A palavra *how* é tão importante nesse caso? Eu não consigo transmitir a mensagem corretamente sem colocar *how* antes do verbo seguinte?"]

Yes, the word how *is extremely important in this case. You simply can't say "I know to cook/drive": you must use* how. *Otherwise you're just speaking "Portuguese in English"*. E, agora, minha tradução: Sim, a palavra *how* é de suma importância nesse caso. Você não pode dizer simplesmente *I know to cook (to drive* etc.). É preciso usar *how*. Senão, você está apenas falando "português em inglês". Você deve se lembrar de que nem as regras nem a sintaxe do inglês se curvam ao português – nem muito menos ao aluno.

P.S. Incluí algumas correções entre colchetes.

***Michael,* i *[I] have a lot of problems with conditionals, and yesterday when* i *[I] was in the classroom* i *[I]* need *[needed] to use this frase:* Eu gostaria que algo tivesse sido diferente; *and on [at] that moment* i *[I] couldn't* remenber *[remember] how to say* this frase *[it], but* I've *[I] tried and* i *[I] said: "I would like that something had been different". Is it correct? Please send me some explanations about conditionals: first, second and third and of course* wish *please!!!!!!!!!!!!!* ["Tenho muitos problemas com *conditionals*, e ontem, na sala de aula, eu precisava usar a frase 'Eu gostaria que algo tivesse sido diferente'; naquele momento, eu não lembrava como dizer, mas eu tentei e disse: *I would like that something had been different*. Está correto? Por favor, envie-me algumas explicações a respeito de *first, second* e *third conditionals*, e de *wish* também."]**

Você deve dizer *I wish (that) things had been different*. Quanto a "algumas explicações" sobre *conditionals*, sugiro que consulte um ótimo livro, chamado *Understanding and Using English Grammar*, escrito por Betty Schrampfer Azar (Pearson). Tenho certeza de que a Betty irá ajudar muito mais do que eu poderia, e não quero inventar a roda. Afinal, o assunto ocupa 19 páginas! E acredito que já está bem resumido, sem nenhuma palavra em excesso.

Seria oportuno mencionar algo que considero interessante e, quiçá, pertinente. Pelo menos, eu acho. Quando estava começando no ofício de professor de inglês, fui submetido a treinamento, e uma das minhas tarefas iniciais era preparar uma aula simulada sobre *conditionals*, concentrando-me mais no *third*, aquele com o sentido de não-verdadeiro no passado. Fiquei ouvindo a excelente instrutora (com a minha cara de serenidade), tomei algumas notas e fui

para casa preparar a aula. Detalhe: não tinha a mínima noção do que se tratava! Nunca tinha ouvido falar de *conditional clauses*! A própria palavra *clauses* já me provocava calafrios (*it gave me the chills*, ou *it gave me the creeps*). Claro, eu as usava, mas a sua nomenclatura e estrutura me escapavam completamente. Explicá-las? Como, se não entendia nem o que eram? Como você pode imaginar, era a minha apresentação, e não a aula em si, que era "(dis)simulada". Mas acabei vencendo e – após alguns anos – (quase) já as dominei.
P.S. Isto mesmo: erros indicados entre colchetes.

Hoje, enquanto eu estava lecionando, encontrei no livro *Headway Pre-Intermediate* (John Soars; Oxford do Brasil) esta frase: *What do you know about Milton and Hetty's chilhoods?* Então, um aluno meu perguntou algo que eu já havia ensinado: "Quando cada *possessor* tem uma coisa própria diferente, não devemos usar um *'s* diferente para cada pessoa?" E aí percebi que era exatamente isso o que eu lhes havia ensinado meses atrás. Por exemplo: *Paul and Mary's car* (os dois são proprietários do mesmo carro); *Paul's and Mary's pens* (cada um tem uma caneta diferente). Será que lhes ensinei errado no ano passado? Ou será que o livro está equivocado?
Não sabendo responder, consultei um colega.

De Michael para Andrew
"Lamento importuná-lo, mas – engraçado –, não tenho certeza. Você tem uma opinião?"

De Andrew para Michael
"Difícil se empolgar com isso, não? Se nós dois temos vivido por tanto tempo sem ter certeza e isso nunca foi problema, fica difícil imaginar um cenário em que seria problema para os alunos. Eles normalmente têm problemas maiores a tratar, como, por exemplo, usar o tempo verbal errado, dizer *your* em vez de *his*, por causa do uso de 'seu' em português. Nesse contexto, é de se perguntar por que eles se preocupam com detalhes como esse. Honestamente, não sei qual é o certo, mas parece-me que houve uma discussão a respeito alguns anos atrás na escola e, se não me engano, alguém sabia a regra. Lamento que não possa ser mais útil, e não adianta chutar."

Como você pôde ver, nem Andrew nem eu temos certeza de como responder à sua dúvida. Acho que é mais um daqueles casos em que o aluno fica travado, discutindo o sexo dos anjos ou tentando descobrir quantos anjos cabem na cabeça de um alfinete, em vez de realmente progredir com o assunto mais importante.

Não sei por que tenho tantas dificuldades com a voz passiva. Ao ler as regras gramaticais, está tudo bem; mas, ao fazer os exercícios, me atrapalho. O que posso fazer?

Sempre acho que, ao ensinar voz passiva, ajuda lembrar que todo o processo das mudanças é praticamente idêntico ao que ocorre em português. Tente e verá.

[Dias depois, recebi da leitora o seguinte *e-mail*: "Estou lhe escrevendo para dizer que ontem obtive *excellent* na minha prova de voz passiva". Fiquei contente em poder responder: *Congratulations on your successful test*.]

***You wrote in one of your books that* Brazilian people *[Brazilians] like to write [with] more than one exclamation point. And* that's *[it's] true! I visited a Website for English students, and there was a message board* in *[sem in] there. It was easy to recognize the messages written by* Brazilian people *[Brazilians], because their titles were like this: "Hi everybody!!!!!!" or "Let's chat!!!!!!" Funny, isn't it?* ["Você escreveu num dos seus livros que os brasileiros gostam de usar mais que um ponto de exclamação quando escrevem. E é verdade! Visitei um *website* para estudantes de inglês, e lá havia um *message board*. Foi fácil identificar as mensagens escritas por brasileiros, pois os títulos eram assim: *Hi everybody!!!!!!* Ou: *Let's chat!!!!!!!* Engraçado, não?"]**

Yes!!!!!! It's very funny!!!!!!! And totally unnecessary in my opinion!!!!!!!!!!!! They do it with question marks too. I wonder if others agree with us???????

P.S. Sim, você já sabe: correções entre colchetes.

Estou em dúvida quanto a uma coisa que li num livro. Estava escrito algo a respeito de *noun phrases*, e, embora eu tenha feito o melhor possível para entender, até agora não consegui. Poderia me explicar de uma maneira mais simples?

Uma *noun phrase* é, basicamente, um substantivo com uma palavra que o modifica. Alguns exemplos? *Some houses, any person, three trees, a great holiday*. Mas, se eu fosse você, não me preocuparia muito com isso, não. Sinceramente, não acho que seja essencial saber essas coisas, e menos ainda a nomenclatura, ao aprender uma língua.

O que significa *I'm willing to?* Será que é *I want to, I like to* ou *I'm in the mood of doing?*

To be willing significa "ter vontade, estar a fim, estar disposto, concordar". Lembre-se de que *will* é, basicamente, "vontade". Portanto, *I'm willing to* (fazer certa coisa) significa "Estou disposto a fazer (tal coisa)".

Deixe-me corrigir o uso de *mood*. Pode-se dizer "I'm in the Mood for Love" – aliás, pode se está de fato –, título de uma linda canção composta por Fields & McHugh. A bem-sucedida versão original foi gravada por Little Jack Little e orquestra. *I'm in the mood for love* quer dizer "Eu estou com vontade de amar (fazer amor)". Igualzinho ao uso de *will*, mas funciona de maneira diferente. *Mood* é uma palavra superbacana em inglês e quer dizer "ânimo, disposição, humor". Lembra-se de "In the Mood", aquela música orquestrada, composta e tocada por Glenn Miller? Temos também *in a good mood* e *in a bad mood*, que significam, respectivamente, "estar de bom humor" e "estar de mau humor".

"Are you in the mood?," asked the anxious husband. "Oh, not tonight, my sweet man. I'm reading Michael Jacobs' latest book and I just can't put it down," answered his loving wife ("Está com vontade?", perguntou o marido ansioso. "Oh, não. Hoje, não, meu doce homem. Estou lendo o último livro daquele Michael Jacobs e não consigo parar.")

Quero lhe perguntar algo. A palavra *e-mail* é contável ou incontável?

A palavra *mail* não é contável, mas *e-mail* é. Veja alguns exemplos: *I received three e-mails from him yesterday*; *The postman just delivered the mail*; *Do you get a lot of e-mails?*; *A lot of people send me e-mails*; *Ordinary mail is now known as 'snail mail'*. Entendeu? *Snail* é "caracol", aquela lesma que anda bem lentamente. *Snail mail* é o correio convencional, se comparado ao correio eletrônico.

Quando quero me referir a uma pessoa, devo usar o verbo no singular ou no plural? Já vi muitas vezes no plural. Exemplos: 1. *A person wouldn't call themself an infidel.* 2. *I don't judge a person from their appearance.*

Ao usar *person*, o verbo é no singular: *A person talks, writes* etc. O seu primeiro exemplo parece muito forçado. Onde você o leu? Eu teria dito: *A person wouldn't call himself an infidel*. Obviamente, temos aqui um pequeno problema de gênero, a não ser que saibamos se quem está falando é homem ou mulher (para mulher, seria *herself*).

I don't judge a person by their appearance é aceitável. Seria a mesma coisa que dizer *I don't judge a person by his or her appearance*.

Lembre-se de que a palavra *themself* não existe. Deve ser o pronome *themselves*. Acho que talvez seja isso que está causando problemas. Os verbos que você usa são *call* e *judge*. *Their*, mais uma vez, é pronome possessivo, não verbo.

WHY ENGLISH IS SIMPLER THAN PORTUGUESE

Part II – Ir (Go)

Quero mencionar a complexidade das conjugações dos verbos, usando "ir" como exemplo. Acho prudente consultar o meu dicionário *Michaelis*, para não me esquecer de nenhuma das conjugações.

(eu) vou
(tu) vais
(ele) vai
(nós) vamos
(vós) ides
(eles) vão

Muito bem. Temos as seis conjugações de um verbo. Acho muito complicado ter essas seis formas, que dependem da pessoa a que se referem. Na língua inglesa, o verbo não muda, pois independe de quem está praticando a ação. Em inglês:

(I) go
(you) go
(we) go
(they) go
(it) goes
(she) goes
(he) goes

Para me aventurar ainda mais profundamente no assunto, o passado de *go* é *went* para todas as pessoas; há *gone* – que é o *past participle* – e a forma contínua, ou progressiva – *going* –, perfazendo um total de cinco formas: *go*, *goes*, *went*, *gone* e *going*. Lembre que tanto *gone* quanto *going* também são comuns a todas as pessoas.

Não vou conjugar todas as formas de "ir". Apenas contá-las (contar-as; contar-las; conta-as; as contar; as-contar?). São 36! Presente, pretérito imperfeito, pretérito imperfeito, pretérito mais-que-perfeito, futuro do presente e, finalmente (ufa!), o futuro do pretérito, todas devidamente multiplicadas por seis (desde "eu" até "eles").

Quando falou a respeito de *slang*, você disse que era um substantivo incontável, mas usou a expressão *a lot of slang*. É correto isso? Deveria ser *much slang*, não?

É aquele tipo de situação engraçada: você está falando de "carro", eu estou falando de "automóvel", e ambos estamos falando da mesma coisa! Sim, *a lot of slang* e *much slang* são a mesma coisa. A segunda expressão pode até ser um pouco mais formal, mas o uso de *a lot of* não caracteriza plural. Veja alguns exemplos para que você saiba como empregar melhor *a lot of* e *much*:

A lot of people enjoy Michael's books. Many people enjoy...

I don't put a lot of sugar in my coffee. I don't put much sugar...

A lot of slang in popular music is difficult for foreign students to understand. Much (of the) slang in...

E é isso, sem nunca esquecer que *too much slang becomes boring and unintelligible.*

Se puder me ajudar com a seguinte frase, eu agradeceria muito: *Why such things happen has perplexed philosophers for centuries, and today psychologists have joined the search for answers.* A minha dúvida é se é *have* ou *has*. Qual é o certo? E por quê?

Aqui, *has* se aplica ao *why*, que é "motivo, razão ou causa". Portanto, leremos:
The reason (such things happen) has *perplexed...*
The motive (for such things happening) has *perplexed...*
The cause (of such things happening) has *perplexed...*

Naturalmente, se usarmos o plural *reasons*, *motives* ou *causes*, o correto, conforme a gramática, será *The reasons for such things happening* have... Mas *why* infere um conceito singular.

Eu gostaria de saber a forma comparativa de *far*. Como nas palavras *fine*, *finer* e *finest*, ou *easy*, *easier* e *easiest*, deve existir alguma para *far*. Seria *further*? Acho que não! Outra coisa: como digo "Amsterdam é mais longe que Rotterdam"?

A forma comparativa de *far* é *farther* ou *further*, e a superlativa é *farthest* ou *furthest*. A diferença entre *farther* e *further* é que, normalmente, devemos usar *farther* e *farthest* para distância física e *further* e *furthest* para avanços ao longo de uma dimensão, digamos, "não-física". Alguns exemplos: *If you're planning on driving any farther tonight, you'd better stop for a break*; *Until we are further along in our research, we won't know the answer*; e, finalmente, *Amsterdam is farther than Rotterdam*.

Entretanto, nem sempre a distinção está clara. Seria comum ver *Nothing could be farther from the truth* e também *Nothing could be further from the truth*. Na prática, ninguém provavelmente acharia algo errado em nenhuma das frases, e a maioria não saberia explicar as diferenças. Na realidade, nem saberia onde está a diferença.

Tenho uma dúvida quanto ao verbo *to get*. Quais são as formas do *past participle* e *past simple*? É *I have got*? Ou *I have gotten*? Sempre ouço *I've got* nos filmes americanos e ingleses. Mas li um artigo dizendo que o correto é *I have gotten*. Não é estranho?

A respeito de *get*, tanto os americanos quanto os ingleses usam *got* como *past simple*. O *past participle* no inglês americano é normalmente *gotten*, mas no inglês britânico é quase sempre *got*. Portanto, você ouvirá *I have got* mais no inglês britânico e *I have gotten* mais no americano. Ambos são corretos, e não há regra a respeito de quem usa o quê, embora os ingleses tendam a achar que *gotten* soa inculto (não é, já tendo sido o padrão na própria Inglaterra).

Aproveito a oportunidade para pedir que seja sanada uma dúvida minha: qual a diferença no emprego de *other*, *others* e *another*?

Tenho recebido vários *e-mails* que me indagam a respeito desse trio – o que me deixa bastante surpreso, pois não o vejo com tanto potencial para causar problemas. Mas, antes de receber outra pergunta igual, vou deixar a minha explicação prontinha-da-silva. É simples:

Another é "(um) outro" ou, claro, "(uma) outra". Basta lembrar de *an* + *other*. (Não existe *an other*, hein? Só usei para explicar.) *Other* é "outro" ou "outra". E por último, mas não menos importante, *others* é "outros" ou "outras". Pronto! Eu disse que era fácil. Está na hora de passar para *another subject*, quer dizer, outro assunto.

Epa! Na minha pressa, ia me esquecendo de explicar o uso de *others*. Também é bastante simples. Vamos lá. Usamos *other*, que é um adjetivo, assim: *other people; other ideas*. Note que *other* é seguido pelos substantivos *people* e *ideas*. Mas, às vezes, preferimos omitir o substantivo, por tê-lo mencionado antes e, conseqüentemente, todo mundo já saber do que se trata. Então, adicionamos um *s*. E – pronto! – está explicado. O quê? Quer alguns exemplos? OK, vamos a eles. Relembrando: *other people = others; other ideas = others*. Portanto: *Some people like chocolate shakes; others prefer vanilla* ("Algumas pessoas gostam de *milk-shake* de chocolate; Outras [pessoas] de baunilha").

Vamos continuar com assuntos doces. *I like Cameron Diaz; other people* (ou *others*) *prefer Julia Roberts; others Sandra Bullock* ("Eu gosto de Cameron Diaz; outros [outras pessoas] preferem Julia Roberts; outros, Sandra Bullock"). Repare que *others* (com *s*) está substituindo *other people*. Visto que *others* tem apenas duas sílabas e que *other people* tem quatro, já dá para perceber a economia de palavras, sílabas, caracteres, tinta, papel, espaço e tempo. Quer mais?

Não, eu estava perguntando se você queria mais motivos para o uso do *s*, e não se você queria mais explicações. Mas...

Por achar fácil demais, acabo de perceber que não dei exemplos de *another*. OK. Só para fechar: *Yes, I'll have another Coke please* ("Sim, aceitarei outra Coca, por favor"). Lembrando que *another* quer dizer, na sua essência, "um outro" ou "uma outra". Óbvio que, em português, *another* é, na maioria das vezes, "mais um(a)". Outro exemplo: *No, I don't want another piece of your advice, but I'll have another slice of cake* ("Não, não quero outro conselho seu, mas aceitarei outra [mais uma] fatia de bolo"). Claro que a gente não costuma dizer "*uma* outra fatia" em português. Diríamos "aceitarei outra fatia", pois o português não exige o artigo "uma" nessa oração. E, já que temos a opção de usar "mais uma", para que se preocupar com isso?

Só usei o exemplo esdrúxulo acima para lembrar os incautos, ou os que perderam aquela aula ou não viram a dica no meu site, de que *advice* (conselho) não aceita plural em inglês. Não existe *advices*. É por isso que usamos *piece of advice*; *some advice*; *a lot of advice*; *much advice*; *any advice*; *no advice*; *plenty of advice*. OK?

Aha! Eu ia me esquecendo de mais um detalhe que pode atrapalhar um pouco. Também existe *the others*. *The others* quer dizer, simplesmente, "os outros e as outras". *We are leaving now; the others will leave later* ("Estamos de saída agora; os outros vão mais tarde").

Viu? Avisei que era fácil.

Por que no inglês britânico o verbo auxiliar *do* é subtraído? Geralmente, leio textos em inglês em que se diz algo do tipo *Have you got the time?*, sem usar o *do*.

Não se subtrai o verbo auxiliar. O termo correto é "omitir", e isso não é privilégio do inglês britânico. Os americanos também o fazem, talvez até mais que os ingleses. *Have you got the time?* ou *Do you have the time?* Tanto faz. São duas formas diferentes de dizer. É só isso. Sem segredo.

Ao dizer *Have you got the time to study English?* ou *Do you have the time to improve your English?*, você está dizendo exatamente a mesma coisa.

Você poderia me passar algo que fale sobre quando usar advérbio ou adjetivo? Aqui vai mais uma dúvida sobre o emprego deles: *Time seems to go so slow/slowly*. Traduzindo, seria: "O tempo parece passar tão devagar", ou "O tempo parece passar tão lentamente". Obrigada, *I'm looking forward for your answer.*

Em primeiro lugar, os *adjectives* (adjetivos) modificam os substantivos. Os advérbios modificam principalmente os verbos, mas podem também modificar adjetivos ou outros advérbios.

Exemplo de adjetivo: *A* white *house*. *White* é o adjetivo que descreve ou modifica a casa.

Exemplo de advérbio: *She spoke* slowly. *Slowly* é o advérbio que descreve (modifica) a forma verbal *spoke*.

Quanto à sua dúvida:

Time seems to go so slowly. *Slowly* é o advérbio que modifica o verbo *to go*. "Como vai o tempo? Vai devagar (*slowly*)." Também se aceita: "O tempo parece passar tão lentamente". "Lentamente" é o advérbio. *Slow* é basicamente adjetivo, mas no inglês moderno há uma tendência a usar *slow* no lugar do advérbio *slowly*. Eu a considero uma prática triste, mas é a realidade. E não se limita a esse verbo, infelizmente.

E você deve dizer *I am looking forward* to *your answer*. Ainda bem. Só espero que tenha valido a pena esperar.

Gostaria de saber o porquê da frase "Eu não entendi" (em relação a alguma explicação de um professor, por exemplo). Em inglês, dizem *I don't understand*. Não deveria ser *I didn't understand*?

Acho que a convenção se aplica tanto ao inglês quanto ao português. Para dizer em inglês "Eu não entendi" ou "Eu não entendo", é a mesma coisa: tanto *I don't understand* como *I didn't understand* transmitem a mesma mensagem. Afinal, quando é que não se entendeu? No momento em que algo foi falado? Ou agora? Claro, tanto faz. A pessoa que não entendeu continua não entendendo, não é mesmo?

A mesma coisa acontece em português e é até motivo de brincadeira, com frases do tipo "Eu queria falar com você" e a réplica: "E não quer mais?"

Adquiri o seu livro para ajudar a família toda, principalmente a minhas duas filhas, de nove e 14 anos, que já estudam inglês há tempo. Estou sendo o primeiro a ler aqui em casa e fiquei encantado com o livro. É o produto de que eu sempre precisei e que não encontrava. Outro ponto, este finalmente sobre a língua inglesa, é em relação à frase ...*watching the world (and the girls) go by*. A concordância do verbo *to go* não deveria ser com *world* e, portanto, ser *goes by*?

Entendo a sua dúvida a respeito de ...*watching the world go by*. Afinal, se é *the world*, por que não se usa *goes*? Ou seja, por que está correto dizer *watching the* world go *by*? Aqui, a questão é que há um verbo, *watching*, seguido por outro no infinitivo, embora sem a partícula to. Veja outros exemplos: *I saw Mary give John a kiss*; *I once heard Miles Davis play live (It's true!)*; *He watched me catch the train.*

Após esses verbos (*see*, *watch* e *hear*), a diferença entre o *object* + terminações em *-ing* e o *object* + infinitivo é similar à diferença entre os *tenses* progressivos e os simples. Com a forma com *-ing*, os verbos sugerem que se presta mais atenção aos eventos ou ações que já estão acontecendo; com os verbos no infinitivo (mesmo sem *to*), normalmente se faz referência aos eventos ou ações completos, os quais são vistos ou ouvidos do início ao fim.

Tenho uma dúvida que causou certa polêmica entre os integrantes do coro de que participo, e que até agora não sei se ficou bem resolvida. O caso foi que fiz umas etiquetas para colocar nas pastas do coro, e elas ficaram assim: *English Service's Praise Team*. Antes de imprimir, mostrei a uma das integrantes, que tinha estudado nos Estados Unidos e nada viu de errado. Assim, com toda a confiança, mandei a impressora trabalhar. Colei as etiquetas, e qual não foi a minha surpresa quando outra moça (que também já havia morado fora) bateu o olho e disse que o apóstrofo não devia existir, ficando somente *English Service Praise Team*. Afinal de contas, qual é a forma correta de escrever isso?

Lamento informar que *English Service's Praise Team*, se não tecnicamente errado, é no mínimo muito esquisito. A frase sem *'s* seria mais elegante, normal e aceitável, conforme lhe disse a outra moça: *English Service Praise Team*. Mas não é a única opção.

Na verdade, isso tudo reflete o costume que temos, na língua inglesa, de juntar um monte de substantivos e usá-los como adjetivos. Também aceitável seria *The Praise Team for the English Service*. Afinal, *The Praise Team* não pertence ao *English Service*. O *English Service* não é dono de nada. Está para atender ao culto, que é um conceito abstrato, e a preposição *for* é aceitável aqui.

Aliás, não é apenas aceitável. É ideal! Portanto, se houvesse tempo para mudança nas etiquetas, eu sugeriria *The Praise Team for the English Service*.
P.S. Pena que só fui perceber isso ao editar os *e-mails* para este livro. As minhas sinceras desculpas ao *Praise Team* pela explicação tardia.

Eu queria receber algumas informações a respeito de *phrasal verbs*. Gostaria de saber se é verdade que somente podemos usá-los nas frases quando estamos conversando informalmente. Quando estamos numa situação formal, devemos evitar o seu uso?

Não há motivo para dizer que os *phrasal verbs* são usados apenas no inglês informal. Eles são parte inerente da língua, sendo tão corriqueiros que usar o inglês formal e o informal como divisores seria um critério muito limitador. Na prática, eles quase sempre substituem um verbo normal. Claro, não há regra para isso. Talvez alguém, ao falar ou escrever, queira parecer instruído e, conscientemente, evite os *phrasal verbs* para causar boa impressão, mas eu chamaria isso de pedantismo. Afinal, são construções tão comuns que evitá-las no uso formal me parece sem sentido. *I'm sorry.*

Qual é a diferença entre *start* e *begin*?

Tenho uma pasta intitulada "Assuntos Pendentes". Nela, encontram-se três ou quatro *e-mails* de leitores que querem saber a diferença entre *start* e *begin*. Para ser franco, a pasta deveria se chamar "Assuntos Que Não Vão Embora Nunca". Hoje, porei um ponto final nessa dúvida dos meus leitores, mas antes farei uma pausa – ou, como os brasileiros costumam dizer, *a break* – para contar algo que me aconteceu.

Estes dias, fui dar palestra numa escola e, antes do início, bati papo (*chatting*) com o dono da franquia a respeito de aulas de inglês. Contei-lhe que não estou dando muitas aulas e que, quando as dou, *I can give myself the luxury of choosing my students* (posso me dar o luxo de escolher os meus alunos). Ele me fitou e repetiu: *Give yourself the luxury...?* Percebi que, mais uma vez, eu – um inglês, *God!* – havia caído na armadilha do "português em inglês". Eu deveria ter dito *I can* afford *the luxury of*.... Embora fique sempre atento aos erros alheios, com certeza terei de prestar mais atenção aos meus próprios, provocados por 36 anos de vivência no Brasil. Isso para mostrar a você, mais uma vez, que o aprendizado de um idioma é assunto sério. Bom, voltando à questão da diferença entre *start* e *begin*: eu até poderia dizer, simplesmente, que é a mesma existente entre "começar" e "iniciar" e deixar as coisas por isso mesmo (e olhe que a tentação é grande), mas preciso encarar o desafio com a seriedade que o assunto merece. Acho melhor começar pelos opostos, os seus antônimos.

O contrário de *start* é *stop*, e o de *begin* é *end*. Já é um grande início. Isso é o que os lingüistas gostam de chamar de "colocações", em que os pares ou palavras são dispostos numa seqüência fixa. Em português, por exemplo, "O artigo precede o substantivo" é uma colocação. "Mudou da água para o vinho" é outra: não dizemos "Mudou do vinho para a água".

Isso não significa que o antônimo de *start* não possa ser *end*, nem *stop* o de *begin*. Só quero dizer que *normalmente* o uso não é esse. Nunca se pode esquecer que, aparentemente, há mais exceções que regras na língua inglesa.

Em geral, *start* e *begin* são sinônimos. Mas é sabido que *dificilmente* (quase escrevi "nunca", mas é aqui que mora o perigo: afirmar que algo em inglês é "nunca" ou "sempre" já me meteu em encrencas tantas vezes que bani essas palavras dos meus textos para... sempre) duas palavras são sinônimos absolutos ou perfeitos. Quando a situação exigir, *quase* sempre há uma pequena distinção, por menor que seja. Repare bem no *quase*. Isso é o que se chama em inglês de CYA, abreviação de *Cover your ass*, ou seja, "Proteja o seu traseiro". Em linguagem não-vulgar, quer dizer "Seja prudente".

Acho que está na hora de alguns exemplos em que os pares *start* e *end* não são usados da mesma maneira. Acredito que fazer uma relação das suas similaridades seria desperdício de espaço e de tempo (tanto seu quanto meu). Portanto, vivam as diferenças!

Ah! Antes de mais nada, deve haver vários leitores se perguntando: "Onde é que entra *finish* nessa história?" Boa pergunta. Chegarei lá daqui a pouco, prometo.

Primeiro frases em que só cabe *start* – lembrando que *start* sugere a partida de um ponto em particular (como numa viagem ou numa corrida) após um tempo sem atividade.

- *Conversation started and stopped and after a pause started again* ("A conversa começou, parou e, após uma pausa, começou de novo").
- *The horses are ready to start* ("Os cavalos estão prontos para a largada").
- *The children like to see the train start* ("As crianças gostam de ver o trem partir", ou seja, de ver o trem entrar em movimento).

His father started him in business ("O pai lhe deu o capital para ele iniciar o próprio negócio").

Esses são alguns exemplos em que só se usa *start*. Neles, não cabe usar *begin*. *Start* freqüentemente leva como sujeito não a pessoa ou coisa que inicia um processo, mas aquela que causa, permite ou dá condições para a pessoa ou coisa começar. Isso é a fiel tradução de um excelente livro de sinônimos que tenho à mão.

O quê? Você acha que sou capaz de inventar essas coisas? Sempre tenho à mão os meus fiéis dicionários e livros de consulta. Como não me canso de dizer, não sou um dicionário ambulante.

Embora eu diga que não há muitas regras em inglês – ou que há muitas exceções –, acho que acabei de ver uma, que é a seguinte: há casos em que *start* não pode ser substituído por *begin*, mas não vejo nenhum caso em que *begin* não possa ser substituído por *start*.

Se alguém discordar, por favor me avise, porque admito que é o tipo de assunto a que os falantes nativos não dão muita importância. Para resumir: usamos *start* mais quando é seguido por outras ações: *start reading, start working* etc. Já *begin* é usado mais com substantivos: *begin a journey*. Mesmo assim, não é uma regra.

E agora vamos às diferenças entre *stop* e *end*. Essas duas palavras não são sinônimas; portanto, é mais fácil diferenciá-las. A dificuldade maior reside em diferenciar *start* de *begin*. Pelo menos, é assim que me parece. Vamos ver se é isso mesmo.

Vamos aproveitar o português para tornar a tarefa mais fácil. Se *to stop* significa "parar" e *to end* "terminar", você consegue imaginar um caso em que uma palavra poderia substituir a outra? Não? Sim? Por isso não vou fazer uma lista, ora! E a mesmíssima coisa se aplica a *stop* e *end* em inglês.

E *finish*? Onde cabe? *Finish* quer dizer "completar, concluir, terminar, acabar", entre muitas outras coisas. Pouco tem a ver com *stop* ("parar"). Eu disse "pouco"? Será que estou ficando um pouco confuso? Incoerente? Bom, estou simplesmente confirmando o que escrevi no início deste artigo.

I have to finish this article tonight; I want to end it here so I will stop now ("Preciso concluir este artigo hoje à noite; quero terminá-lo aqui e, portanto, vou parar agora.")

I started this article hours ago e *I began it hours ago* significam exatamente a mesma coisa.

A saber: trabalhei pra caramba hoje! Vou terminar por aqui mesmo. (Ou seria acabar?)

Aprendi que para *non-living things* não se usa *'s* (*genitive case*), mas em alguns filmes, na função *closed caption*, tenho observado que o *'s* é usado, por exemplo, em *razor's edge* e *within a hair's breadth*. Qual seria a explicação? Devo entender que, nesses casos, trata-se de sentido figurado? Ou de algo que é parte integrante do objeto? Não consegui perceber a diferença entre não poder dizer *table's leg* e poder dizer *razor's edge*. *Helppppp*...

Quando dou palestras (que prefiro chamar de *talks* ou até mesmo de *chats*, devido à minha informalidade), sempre me apresento dizendo de onde sou, o que sou, o que fiz e o que faço hoje. Mas também friso o que não sou. O que tento fazer, de um jeito bem simples, é ajudar os brasileiros com o seu inglês.

Pela minha experiência, os alunos, na grande maioria, precisam de explicações simples e básicas, que, no entanto, muitas vezes não são encontradas na literatura disponível. Então, as dúvidas surgem, e tento auxiliar à minha maneira. Estudantes, mesmo os mais avançados, ainda têm dúvidas corriqueiras e pedem ajuda. Nisso, eu me considero de certa ajuda para eles. Mas para alguém como você, que está questionando assuntos a que as próprias gramáticas normalmente dedicam tão pouco espaço, muitas vezes não encontro respostas à altura. E – sabe? – não me sinto constrangido de não saber responder. A sua pergunta cai nessa categoria. Deve existir uma resposta em algum lugar. Deve existir um estudioso do assunto (possivelmente brasileiro) que possa sanar esse tipo de dúvida para você. Eu, no entanto, o desconheço.

Para falar a verdade, eu nem estava ciente de que casos assim existiam, e agradeço por isso. Nunca precisei parar para questionar a aparente incoerência dessa questão. E, de fato, parece mesmo ser incoerente. Mas também nunca ouvi alguém dizer que a língua inglesa é uma língua lógica. Eu, como você, não consigo ver a diferença. Para mim, *the table's leg* simplesmente soa um pouco, mas só um pouco, estranho. Por quê? Não sei explicar. É uma questão de uso (*usage*), talvez, ao passo que *the leg of the table* me parece ótimo. A propósito, *the razor's edge* é uma linda expressão que encontra seu eco no português – "o fio da navalha".

Procurei uma resposta melhor no excelente *Practical English Usage*, de Michael Swan (Oxford University Press), e encontrei... nada! Isso não quer dizer que a informação não conste do livro, e sim que eu não a achei. Mas quem sabe? Pode ser um daqueles casos em que Michael diz: "Ainda não encontramos explicação gramatical para essa questão". E olhe que ele diz isso várias vezes ao longo do livro.

Inglês é isso aí, gente!

Vi estas duas frases num livro de gramática, mas meu professor me disse que somente uma seria possível: *My boss had the door closed* ("O meu chefe mandou fechar a porta") e *My boss had me close the door* ("O meu chefe me mandou fechar a porta"). As duas construções estão corretas?

Sim, ambas as frases estão corretas, embora a primeira soe um pouco esquisita. Significa que o seu chefe teve a porta fechada por alguém. Dá a sensação de que foi fechada por um pedreiro, que tapou o vão da porta com tijolos. Poderia significar também que o seu chefe simplesmente mandou alguém fechar a porta, mas que, por algum motivo específico e importante, solicitou que a trancassem seguramente. Bem diferente de simplesmente pedir para você fechar a porta.

A segunda frase é mais convencional. Ele pediu para mim (você), direta ou indiretamente, que fechasse a porta (passivo ou indireto). Espero que você o tenha obedecido...

WHY ENGLISH IS SIMPLER THAN PORTUGUESE

Part III – You (Você)

Mas peraí! Cadê "você" na lista dos pronomes? Temos um tal de "vós", que, segundo me informam, é para ser usado quando estou falando com o papa (o papo? a papa?) e outras pessoas importantes. Nunca conheci alguém que eu devesse chamar de "vós". Aliás, talvez já tenha encontrado, mas não me dei conta da sua importância. Se foi com você, gentil leitor, peço-lhe desculpas. Mas, a última vez que *Pope John Paul* (aka* *The Pope*) e eu batemos um papo, foi em inglês mesmo, e eu o chamava de *you*, sem pestanejar. E ele não se ofendeu nem um pouco!

Mas, como dizia, ficou faltando "você" na lista do meu dicionário. Bom, admito que não é dos mais novos; então, acho que saiu da gráfica antes que o "você" fosse usado em português e se tornado corriqueiro e corrente.

Desnecessário dizer que, ao chegarmos ao Brasil e tentarmos aprender português, provavelmente a primeira palavra que aprendemos seja "eu". E, muito provavelmente, "você" seja a segunda (ou a terceira, depois de "caipirinha"). Mas "você" não consta na lista das conjugações verbais. Coisa estranha, não?

* Abreviatura muito (muita?) comum que significa *also known as* ("também conhecido como").

Outra possibilidade que acabou de me ocorrer é que o meu dicionário tenha sido elaborado por um(a) carioca ou um(a) gaúcho(a), os quais, dentre os nascidos em outros estados, normalmente usam "tu", desprezando a forma "você". Pois "tu" consta da lista das pessoas.

Qual é o correto: *on the jungle* ou *in the jungle?*

A opção válida seria *in the jungle*, mesmo se um avião caísse por cima ou sobre as árvores. *It fell and crashed in/into the jungle*. Mas, tendo afirmado isso, percebo que podemos dizer *The sun shone* on *the jungle after the storm* ("O sol brilhou sobre a selva após a tempestade"). Portanto, depende do que se quer dizer, mas *in* seria bem mais comum.

Pode me explicar as diferenças entre *little* e *small*? Já pesquisei nos meus dicionários e gramáticas, mas ainda acho bem difícil entender.

Você não é a primeira pessoa a me pedir uma explicação a respeito. E não é por menos que a dúvida existe. Vamos ver se consigo ajudar.

Small é mais simples: refere-se simplesmente a tamanho. O antônimo é *large*. *Little* (cujo antônimo é *big* ou *great*) tem sentido mais amplo e não se refere apenas a tamanho, podendo também expressar uma emoção. Vamos primeiro examinar *little* como adjetivo e advérbio, esclarecendo quando o seu uso é diferente daquele de *small* – ou seja, as situações em que se usaria *little*, mas em que não se poderia usar *small*.

Uso de *little* como adjetivo:
1. De extensão ou duração curta; breve. Exemplo: *There is little time left before the show begins* ("Falta pouco tempo para o show começar").
2. Em pequena quantidade ou grau. Exemplo: *I have little money on me today* ("Tenho pouco dinheiro comigo hoje").
3. Sem muito poder ou influência. Pouco importante; trivial. Exemplo: *These little things are just details* ("Essas coisinhas são apenas detalhes").
4. Estar numa fase inicial de crescimento. Exemplo: *He doesn't understand; he's too little* ("Ele não entende; é pequeno [novo] demais").

E, agora, *little* como advérbio:
1. Não muito; quase nada. Exemplo: *She works long hours and sleeps little* ("Ela trabalha muito e dorme pouco"). *Little* também funciona muito bem como substantivo – algo que *small* jamais faz. Ou quase nunca.

2. Pequena quantidade. Exemplo: *If you won't give me all of it, at least give me a little* ("Se não quiser me dar tudo, pelo menos me dê um pouco").
3. Algo muito menor que um todo. Exemplo: *I know [a] little about her* ("Sei [um] pouco a respeito dela").
4. Distância ou tempo curto. Exemplo: *They live a little [way] down the road* ("Eles moram um pouco mais abaixo na rua").

Agora, vamos ao uso de *small*. Primeiro como adjetivo:
Quando se usa *small* e não se usaria *little*? (Ajuda lembrar que o antônimo de *small* é *large*.)
1. Abaixo da média em tamanho. Exemplo: *She is a small girl for her age* ("Ela é pequena para a idade").
2. Limitado em importância ou significância; trivial. Exemplo: *I consider it a small matter and refuse to discuss it now* ("Eu o considero um assunto sem importância e me recuso a conversar a respeito agora").
3. Limitado em grau ou escopo. Exemplo: *He is the owner of a small farm* ("Ele é proprietário de uma pequena fazenda").
4. Sem pretensões; modesto. Exemplo: *As a writer he makes a small living* ("Como escritor, ele ganha pouco").
5. Estreito; pequeno. Exemplo: *He has a small mind in a big body* ("Ele tem a mente pequena e o corpo grande").

E *small* como advérbio:
1. *He cut the meat up small* ("Ele cortou a carne em pedaços pequenos"). *Small*, mais freqüentemente que *little*, aplica-se às coisas cujo tamanho é determinado por número, capacidade, valor ou significância. *A small attendance*; *a small boy*; *a small box*; *a small house*; *small change* (trocados); *a small matter*; *the small size*.

Para terminar, antes que você caia no sono (se já não caiu), lembre que, muitas vezes, *small* e *little* são usados sem distinção. Só a prática (junto com a leitura das "pérolas de sabedoria" acima) pode garantir o emprego perfeito das duas palavras. Mas desencane se não tiver certeza. Você não será mal-entendido se não acertar de primeira.

Pronúncia

Este capítulo é curtinho. Mas não é que eu receba poucos *e-mails* a respeito de questões de pronúncia – muito pelo contrário. Selecionei apenas algumas dúvidas porque tratar desse assunto por escrito é bastante limitador. Você entende.

A questão é: quando a letra *i* tem o som de "a" em inglês? Jamais consegui descobrir a regra e, quando encontro uma palavra desconhecida, fico maluco. Já me disseram que, nas palavras que terminam em consoantes, o som é de "i" (como *sit*, por exemplo) e que, nas que terminam em *e*, muda para "a", como *site*. Se é verdade, então como ficamos com a palavra *since*?

A sua dúvida é realmente comum, e a busca de uma regra que a atenda, também. Muitas vezes é dito que, em inglês, não há regras ou, se as encontramos, é dito que há mais exceções que as próprias regras (já ouvi algo parecido no referente ao português, também). Devo informar que a questão da pronúncia de *i* e *a* cai nessa categoria. Como em muitos (todos?) campos da língua inglesa, não existem regras, e a questão da ortografia e da pronúncia é sempre terreno minado.

E, geralmente, quem procura regras está fadado ao fracasso. Eis a dura realidade! Lamento não poder ser mais útil. O caminho, novamente, é estudar bastante, para forçar a melhoria da *listening comprehension*.

Durante uma conversa, eu disse algo assim: *It'll take months...*, e a minha pronúncia era */mãntfs/*. Está correto?

Eu digo */mance/*. O *th* simplesmente desaparece. Portanto: */it-al-teik-mance/*.

Não fazia a menor idéia de que era você o autor do dicionário *Michaelis*. Poderia me dizer como se pronuncia? Não pode ser *Mikaelis* como todo mundo diz, pode?

Ah. se eu fosse o autor do *Michaelis* – pelò prestígio... e pelos *royalties*! Mas, além de uma similaridade nos nomes, não há nada em comum. Eu pronuncio */mi-ka-el-is/*.

Em recente viagem à Austrália, deparei com um fato interessante. Nos aeroportos, muitas pessoas pronunciavam a palavra *arrival* com o som do "i", como em português, e não com o som de "ai". Será possível isso? O verbo *to arrive* pode ser irregular? Em caso afirmativo, como seria o *past participle* e a pronúncia? Nesse tipo de dúvida, você teria alguma dica para quando deparássemos com o *i*, querendo saber se a pronúncia seria "ai" ou "i"?

Pessoalmente, nunca ouvi o *i* de *arrive* com som de "i", tal como se usa em português. Será que você não ouviu um brasileiro, francês, italiano ou latino falando? (Aceite a brincadeira, vá!)

Quanto à segunda dúvida, se *arrive* pode ser irregular, eu diria que não. Mas sempre fico na dúvida quanto ao uso do inglês nas várias regiões do mundo. O que pode parecer um absurdo para mim, que sou inglês, às vezes acaba acontecendo em outro país, e aí vem alguém dizer que Michael não sabe de nada! Por isso, normalmente tento me "fingir de morto", como estou fazendo agora. (Mas, cá entre nós, *arrive* é */a-wraiv/*, e fim de papo. E *sempre* regular.)

Finalmente, não há regras para você saber quando *i* tem som de "i" ou de "ai". Não que eu saiba.

Tenho um aluno que quer saber se há regra para a pronuncia do som de *y*. Por exemplo: *shy, sky, fly, satisfy* e *happy, pretty, baby*. Viu? Às vezes, temos o som de "ai" e, às vezes, o som de "i". Presumo que não haja regra, mas, se puder dizer algo mais a respeito...

Não, eu não consigo pensar numa regra, apenas penso no uso. E aposto que, se há uma regra, é algo tão complicado que quase ninguém consegue entender. E que, provavelmente, foi elaborada para alunos estrangeiros de inglês – principalmente, talvez, brasileiros, que parecem adorar regras para tudo. *Usage* é o nome do jogo.

Sintaxe e Expressões

Sintaxe é um assunto muito interessante, pois é aqui que a maioria dos erros que costumo chamar de "português em inglês" acontece. E "português em inglês" não é nada mais, nada menos, do que o uso de frases nas quais as palavras são inglesas, mas em que a sintaxe é português puro. Muitas vezes, o uso de "português em inglês" passa batido, mas e quando não passa?

Bom, aí soa tão errado que causa péssima impressão – freqüentemente estragando a primeira impressão. E, como diz o velho ditado, você só tem uma chance para causar uma boa primeira impressão.

Então, embora muitas vezes as próprias palavras se encarreguem do transmitir a mensagem, há ocasiões em que o ouvinte acaba não entendendo muito bem o que o aluno quer dizer, e fica dizendo coisas do tipo: "Ah, sim, é mesmo? Não diga?", quando, na realidade, não faz a mínima idéia do que se trata. Muita coisa acaba se perdendo, inclusive possíveis contatos futuros.

É claro que erros de gramática e confusão no uso dos tempos verbais também acabam atrapalhando. Já pensou cometer todos esses erros juntos? Todo cuidado é pouco.

Tenho dúvida sobre uma expressão em inglês. O que significa "Stir It Up"? É o nome de uma música de Bob Marley.

To stir significa, basicamente, "mexer", como mexer a colher no café, por exemplo. Portanto, significa fazer movimentos circulares.

To stir it up ou *stir things up* significa "agitar", no sentido de fazer intrigas, provocar desentendimentos, fazer buxixo, fuxicar. Mas há outro sentido, que é o de "provocar sexualmente". *Cameron Diaz tried to stir me up, but I preferred to continue writing this reply* ("Cameron Diaz tentou me provocar, mas preferi continuar escrevendo esta resposta").

Acredita?

Tenho uma dúvida quanto a um blues chamado "Hoochie Coochie Man", de Muddy Waters. Existe tradução para esse título?

"Hoochie Cootchie Man", ou *hootchy kootchy*, não tem tradução, embora originariamente fosse um tipo de dança do ventre, desempenhada sensualmente num *carnival* (parque de diversões). A origem do termo é desconhecida. Presumo que queira dizer algo como "Homem Sensual, Sexy". Mais recentemente, foi também um tipo de dança, daquelas inventadas pelas americanas que se tornam durante algum tempo a dança da moda (como as dos grupos de axé, aqui no Brasil).

A propósito, já parou para pensar a respeito do apelido de Mr. Waters? Muddy Waters quer dizer "águas lamacentas", pois o sobrenome Waters quase sempre atrai um bom trocadilho. Lembrei-me de um livro pouco conhecido aqui no Brasil, mas de nome criativo: *Raging Waters* ("Águas Furiosas"), sobre um boxeador de nome... Waters. Dean Waters.

Na mesma linha, lembro-me de um cabeleireiro de sobrenome Mirror. O seu nome era Dusty. Logo, Dusty Mirror ("Espelho Empoeirado").

Qual a tradução de "Jeepers Creepers"? É uma música gravada pelo grande Louis Armstrong.

"Jeepers Creepers" é uma exclamação "nonsênsica" (sei que a palavra *nonsense* não tem equivalência como adjetivo em português, estou criando...). Até pode ser traduzida para "poxa vida/minha nossa/que coisa/uau/porra/meu/caraca etc.". Todas, aqui no Brasil, obviamente seguidas por um montão de exclamações!

Gostaria que você me dissesse o que significa *headcase*. E, no título Lady Day, a tradução é "Dama do Dia" ou "Dia da Dama"?

Headcase é "louco, doido, lunático". Há muitos sinônimos, mas acho que já deu para entender, né?

Sua segunda dúvida é curiosa. Talvez esteja fazendo confusão entre "Di" e "Day". No caso, é "Lady Di", modo carinhoso pelo qual a princesa Diana era chamada.

Lady Day por si só não faz sentido, a não ser que se refira a uma dama com o nome de Day. Por exemplo, *Lady Diana and Lady Day had lunch together.* Se fosse "Dia da Dama", teria de ser *Ladies' Day*; se fosse "Dama do Dia", seria *Lady's Day*. Mas não faria o menor sentido, não é mesmo?

Honestamente, estou boiando bastante. É que, muitas vezes, os leitores enviam perguntas sem muito – ou nenhum – contexto, e não consigo ajudar muito. Afinal, você diz que Lady Day é título. Mas de quê? De uma mulher da nobreza? Ou de uma música, por exemplo? Estou confuso. Imagino você com esta resposta.

WHY ENGLISH IS SIMPLER THAN PORTUGUESE

Part IV – Citizenship (Adjetivos Pátrios)

Por falar em gaúchos e gaúchas, por que não temos "cariocos"? Até os homens de – aliás, do – Rio de Janeiro são cariocas. Por que os cariocas são *do* Rio de Janeiro e não *de*? Pensando bem, vou fazer uma lista para ver se me ajuda a clarear as idéias.

Há gente *do* Piauí, *do* Maranhão, *do* Paraná, *do* Pará, *do* Espírito Santo, *do* Amazonas (deveria ser *das* Amazonas, não deveria?), *do* Acre, *do* Amapá, *do* Ceará, *do* Rio de Janeiro, *do* Rio Grande do Sul e *do* Rio Grande do Norte.

Mas há gente *da* Bahia e *da* Paraíba.

E há também gente que é *de*, simplesmente, Alagoas (*das* Alagoas seria mais coerente para mim), Santa Catarina, São Paulo, Mato Grosso, Mato Grosso do Sul, Goiás, Tocantins, Sergipe, Rondônia, Roraima, Pernambuco e Minas Gerais (candidato ideal a *das*).

Gostaria de lhe fazer duas perguntas: 1. Gosto muito de uma música do conjunto The Stylistics. Entendo perfeitamente toda a letra, mas, quanto ao nome, não consigo chegar a uma tradução adequada. O nome da música é "Betcha by Golly, Wow". 2. Gostaria de saber o significado da expressão *two foot small* na frase *If you left I would be two foot small.*

Betcha é a contração de *I bet you*. Quer dizer "é"; "com certeza"; "pode apostar". *By golly* e *wow* são expressões do tipo "poxa vida", "minha nossa" etc.

Two foot small contém um erro gramatical incluído propositalmente. Deveria ser *two* feet *small*; é um trocadilho usado no lugar de *two feet* tall. Ou seja: "tem a altura (pequenez) de dois pés". "Se você me deixasse, eu seria muito pequeno" (humilhado/rebaixado).

I love listening [to] music and I am used to get [downloading] lyrics from the net for trying to [to try and] understand better* the songs I like most *[my favourite songs]. Below you can see the beginning of Seal's song ("Kiss from a Rose") [which] I thought a bit confusing:

"There used to be a greying tower alone on the sea/ You became the light on the dark side of me/ Love remained a drug that's the high not the pill". What does "greying" mean? What sense does it make?

Grey, ou *gray*, é "cinza". *Greying*, portanto, é "aquele (ou aquilo) que está ficando cinza (adjetivo)". *Greying tower* quer dizer "A torre que está se tornando cinza".

Quanto à canção, teríamos: "Havia uma torre que estava se tornando cinzenta/ Você se tornou a luz no meu lado escuro/ O amor, e não o comprimido, permaneceu como a droga que dá barato". *Yes... well.*

Se você, que conhece e gosta da música, a achou confusa, imagine eu. É por esse tipo de... de... – vou chamar de "coisa" – que muitas vezes fico com um pé atrás a respeito da utilidade que letras de música podem ter no aprendizado de inglês.

Tenho uma dúvida sobre gíria. Um aluno meu perguntou como eu digo "maloqueiro". Você conhece essa palavra? Caso não a conheça: nós, brasileiros, dizemos que uma pessoa é maloqueiro ou maloqueira quando não tem profissão, não trabalha, veste-se com roupas sujas e gastas etc. Fui clara o suficiente? Espero que sim.

Temos várias palavras para descrever esse tipo de pessoa. No geral, é *a bum*; *a down-and-out*; *a deadbeat*; *a squatter*; *ragged people* (termo que pode ser ouvido na linda canção "The Boxer", de Simon and Garfunkel). *Ragged people* são aquelas pessoas que se vestem com trapos ou farrapos.

...in the company of strangers
In the quiet of the railway station
Running scared
Laying low, seeking out the poorer quarters
Where the ragged people go
Looking for the places only they would know...

Squatter é a pessoa que invade propriedade alheia e vive lá até ser expulsa, ou despejada, o que às vezes leva muito tempo. A maioria cabe na sua descrição – sujos, sem emprego, com baixo grau de isntrução. Pena. Não acho nada nem remotamente engraçado para dizer.

O que quer dizer *dwelling* na frase *Dwelling on the past successes or failures is a waste of energy and a sin against the Holy Spirit, whose work it is to call out the gifts we have and make of us all God wants us to*

_be?_ Vi o sentido no meu dicionário como "morada", "habitação", "residência". _Help me please!_

O verbo *to dwell* significa *to live* ou *reside* ("morar" ou "residir"), e *dwelling* é um lugar onde moramos, muitas vezes por um longo tempo. Mas *to dwell on something* tem o sentido de "pensar a respeito de algo, normalmente por muito tempo". Portanto, *to dwell on past failures* significa "gastar tempo pensando sobre os eventos do passado".

Dwell tem muitas vezes uma conotação negativa. É quase um pensamento mórbido.

What does "cut to the chase" mean?

Cut to the chase quer dizer "ir ao que interessa". Em geral rapidamente, sem desperdiçar tempo. Ir direto ao assunto em pauta. A expressão veio dos filmes de ação, em que *the chase* ("a perseguição") é parte importante. *Cut*, nesse contexto, quer dizer "cortar", no sentido de mudar de uma cena do filme para outra. Mas, cá entre nós, poderiam incluir menos *chases* e mais Cameron Diaz, não acha?

Outra expressão equivalente em inglês seria *get to the point*.

Poderia me ajudar a resolver umas dúvidas? (A propósito, é correto dizer _solve some doubts?_) 1. O que significa _body shop?_ É uma loja que vende coisas como sabonetes, xampu etc.? 2. Como posso dizer "secretaria" em inglês? Eu me refiro às das escolas e universidades. 3. Ano passado, uma moça da África do Sul me perguntou _Are you happy?_ para saber se eu concordava ou não com uma decisão. Quer dizer o mesmo que _Do you agree?_

Normalmente, dizemos *clear up some doubts*. Mas será mesmo que em português "resolvemos dúvidas"? Penso que dúvidas são mais esclarecidas que resolvidas, mas não estou aqui para ensinar nem aprender português. Então, deixe-me tentar ajudar a *clear up your doubts*.

1. *Body shop* é usado freqüentemente para descrever uma oficina de conserto de funilaria, ou o lugar onde se faz a montagem da carroceria numa montadora de automóveis. Pode ser um lugar como mencionou, embora seja menos freqüente. Naturalmente, dependendo do contexto, não haveria dúvidas. Agora, atente para o fato de que Body Shop, com iniciais maiúsculas, é uma famosa rede inglesa de produtos para o corpo. Mas, como você escreveu com minúsculas, permanece a dúvida. No entanto, dificilmente iremos comprar sabonete na GM, Ford ou Volkswagen.

2. "Secretaria" pode ser traduzido por *the school/college office* ou *administration*, ou até *the bursar's*, se lidar com os pagamentos e mensalidades.
3. Sim, *Are you happy?* pode mesmo significar *Do you agree?*. Então, *are you happy with my reply?*

Estou ajudando um amigo com uma tradução, e há uma expressão, *take a clean slate approach for the new age of services*, que não entendi. Você a conhece?
Clean slate, literalmente "ardósia, chapa ou lousa limpas", quer dizer "começar do início", "apagar o passado", "estaca zero", "começar de novo", "não ter nada contra você".

A clean slate approach for the new age of services, portanto, seria "uma abordagem que marca a nova era da prestação de serviços". Como se vê, uma linguagem exagerada, típica da propaganda.

Tenho uma boa pergunta para você. O que é *clean slate?*
Chegou tarde... Veja acima.

Há relação entre *X* e "pornografia"? Vem de "seXo"?
A letra *X* é de *X-rated*. Um filme *X-rated* é aquela que a Censura, por algum motivo, considera impróprio para menores.

O que significa *Navy flyer?*
A equação é bastante simples: *flyer* (aviador/voador/piloto) + *Navy* (Marinha) = um piloto de aviões da Marinha, possivelmente partindo de um navio porta-aviões. Lembra-se de Tom Cruise em *Top Gun*?

***There is* one thing *[something] in your book about "miles away". In the USA they* use sometimes *[sometimes use] tripping*. Like *[As] when some people smoke some weed, they say they are tripping. And they say they are high too. You* told *[said that] swear means* xingar. *Does it means* xingar *in the USA too?? They normally use "cuss", even though it doesn't mean* xingar, *but* maldizer. *I got another question. I lived for a whole year in the USA and couldn't figure out how to say* fresco, *for example:* "Aquele cara nem está machucado, é tudo frescura".**
Conseguiu pegar todas as dúvidas do leitor? Vou traduzir rapidinho, para que todos acompanhem: "No seu livro, há uma coisa a respeito de *miles away*. Nos Estados Unidos, eles usam *tripping*. Como quando algumas pessoas fumam

maconha e dizem que estão *tripping*. E dizem que estão 'altas', também. Você disse que *swear* é 'xingar'. Nos Estados Unidos também? Normalmente, eles usam *cuss*, mesmo que não signifique 'xingar', mas 'amaldiçoar'. Tenho outra pergunta. Morei um ano inteiro nos Estados Unidos e não entendi como dizer 'fresco'. Por exemplo: 'Aquele cara nem está machucado, é tudo frescura'".

Bom, agora vamos à resposta, que é bem mais curtinha. Sim, você tem razão, mas deve lembrar que *tripping* é apenas para drogas. "Viajando sem drogas" é *travelling* (ou *traveling*, nos Estados Unidos). *Swear* é sinônimo de *cuss,* derivado de *to curse* ("amaldiçoar; xingar").

"Ele é um fresco"? *He's putting it on* seria uma boa frase nesse contexto. P.S. Como de costume, fiz algumas correções entre colchetes.

Qual o significado da frase *No pain, no gain?*

No pain, no gain ("Sem dor, não há ganho") é, originariamente, um termo usado na prática do halterofilismo (*weight lifting*), querendo-se dizer com isso que, sem fazer esforço a ponto de doer, a pessoa não ganhará aquele tão sonhado "corpo malhado". Como o princípio também é válido para os demais esportes e campos da vida, popularizou-se. E, com certeza, também se aplica ao seu aprendizado de inglês!

Caro Michael, tenho duas dúvidas: 1. Tenho visto por aí o símbolo Y2K e gostaria de saber o que significa. 2. Vi numa letra de música a frase *I don't have no time*. O correto não seria *I don't have time* ou *I don't have any time?*

Y2K significa *Year 2 Thousand* ("ano 2000"), onde o *K* é de *kilo* ("mil"). Foi a designação usada para o "*bug* do milênio", aquele que permitiu que tanta gente ganhasse dinheiro em cima do medo dos incautos.

Agora, quanto à outra dúvida, sim, *I don't have no time* certamente não faz parte do inglês-padrão, culto, pois contém dupla negação. Mas lembre-se de que, dentro dos limites da música popular e da linguagem "da rua", é até aceitável. Fazer o quê, não é mesmo?

Em algumas ocasiões, tenho deparado com expressões em que, embora elas sejam de tradução literal fácil, não consigo identificar o real significado. Uma dessas expressões é *trophy wife*. A minha dificuldade é saber se, no contexto em que ela aparece, não pode ser entendida como "esposa apenas para ser exibida", "esposa adquirida por merecimento" ou "esposa disputada". Dá para você esclarecer?

Trophy wife se refere à esposa colocada como espécie de "prêmio adquirido", como se se tratasse de uma caça a ser exibida com orgulho. Deve espelhar o sucesso do marido, ser bonita etc. e mostrar quanto o cara é bom. Lastimável, *but a fact*.

Fato também é que o equivalente masculino, *trophy husband*, parece não existir. Quero dizer: nunca vi a expressão (não afirmo que a tal espécie rara não possa existir).

Os alunos sempre me perguntam como se diz "chifrar" em inglês. Já que "chifrar" é gíria brasileira, fica difícil saber como a situação é expressa em inglês. Você pode me dizer?

Esses alunos... Curioso constatar a freqüência com que recebo perguntas a respeito desse assunto. Por que será?

Temos um verdadeiro arsenal de opções. "Chifrar", na linguagem do dia-a-dia, pode ser traduzido por *to cheat on* (*Mary doesn't cheat on John*); *to fool around* (*...but John fools around with other women all the time*); *to go out with other men/women* (*She's going out with another man*); *to play around* (*While Hugh was on vacation, his wife was playing around with another man...*); *to two-time* (*but Hugh was also two-timing her*); *two-timing*, como adjetivo (*"You're a no-good two-timing bastard," she shouted*); *to chase after* (*Although he's married, he's always chasing after other women*).

Acho melhor eu parar por aqui, senão você vai pensar que sei demais do assunto!

Embora eu já tenha pesquisado em vários dicionários e livros específicos, não consegui encontrar as expressões correspondentes a "gato por lebre" ("Acho que você comprou gato por lebre!") e "coçando o saco" ("Ele não tem o que fazer e fica coçando o saco o dia todo").

"Gato por lebre" poderia ser traduzido por algo como *I think you bought a dud/lemon/white elephant*. Mas tudo depende do contexto. Isoladamente, não sei exatamente o que pode ser.

Se "gato por lebre" significa "abacaxi", acho interessante dizer que, em inglês, muda-se a fruta de *pineapple* para *lemon*.

Aliás, interessante a expressão "gato por lebre". Se alguém comprou um no lugar do outro, resta saber por que estava comprando. Pessoalmente, não tenho comido muita lebre ultimamente.

Coçando...? Algumas traduções são *doing nothing*; *lazing around*; *slacking*; *slacking off*; *being lazy*; e *whiling away the time*.

O que significa *mainstream* nos seguintes casos: *mainstream economy, mainstream class, mainstream society*? Outra coisa: qual seria a melhor tradução para *cool cat*? Sei que se trata de uma gíria dos anos 60, mas não sei o que significa.

Mainstream significa algo que é convencional, sem radicalismos. ou seja, é a tendência geralmente aceita, conservadora.

Quanto a *cool cat*, trata-se de uma gíria ainda mais antiga, dos anos 40 e 50 (acho que nos anos 60 já estava fora de moda). O equivalente em português seria "cara legal"; "pessoa bacana"; "por dentro das novidades".

Hoje me perguntaram como se diz "Um deputado cassado". Apesar de responder com um categórico "Não sei", juro que a tentação era usar o *hunt*... Mas fiquei imaginando um monte de cavaleiros montados nos seus velozes alazões, devidamente armados, e um bando de cães "aos berros", atrás do dito-cujo. Fiquei sério, mas rindo muito por dentro.

Pois é, "cassar" e "caçar" (*hunt*) funcionam como bom trocadilho nesse caso, mas – vale lembrar – apenas em português. Em inglês, creio que diríamos apenas *The politician lost his mandate*; *The politician was thrown out by his peers*.

Como é que se diz "Seção de Protocolo" de uma repartição pública municipal?

É uma pergunta difícil, pois a burocracia brasileira e a desconfiança generalizada tornam essa prática do protocolo comum, o que não ocorre tanto em outros países. No entanto, seria algo como *Registration* (*a registered letter/ document*).

"Seção de Protocolo" seria algo como *Document Registration Section*, mas não é um termo muito comum.

A sua pergunta me fez lembrar outra expressão inglesa, quando nos referimos à burocracia: *red tape* (literalmente, "fita vermelha"). *To get a building permit in Britain sometimes involves a lot of red tape* ("Obter alvará de construção na Grã-Bretanha às vezes envolve muito burocracia").

Aprecio muito assuntos relacionados a estética e gostaria de saber como dizer, em inglês, "pneuzinhos" – aqueles que adquirimos quando ganhamos alguns quilinhos a mais.

Temos duas maneiras de descrever os tais pneuzinhos: a primeira, pitoresca e meio brega, é *love handles* (literalmente, "maçanetas do amor"). Outro modo, idêntico ao uso em português, é dizer a *rubber tyre* ("pneu"). Há ainda uma terceira maneira, mas esta é melhor deixar para usar contras as verdadeiras inimigas: *a roll of fat* (urgh!).

Como se diz "pindaíba" em inglês?

I'm broke; *I'm skint*; *I'm penniless*; e *I'm don't have a red cent* seriam alguns exemplos comuns. Mas, para professores de inglês, quero crer que não haja necessidade de aprender essas coisas. Ou será que há?

Outro dia eu estava assistindo ao seriado *Charmed*, do canal Sony, quando os ouvi dizerem *ASAP* (*as soon as possible*). Agora, tenho uma dúvida: você aconselha o uso de *ASAP* para a escrita ou a fala? Acho que você já disse que era um termo fora de moda.

Eu, pessolmente, não uso a expressão *ASAP*, mas os costumes mudam muito de um lugar para outro, e variam de pessoa para pessoa. Portanto, fique à vontade para usá-la.

Lembro-me mesmo de já haver dito, certa vez, que *ASAP* havia saído de moda, mas, ao que parece, a expressão voltou com toda a força. E, então, dá-lhe a participação dos leitores que adoram me corrigir! Em inglês, isso se chama *getting their own back* ("revidando, dando o troco, se vingando"). *They love to get their own back*.

Fireworks display é "queima de fogos"? Outra dúvida: como se diz, em inglês, que alguém está com o desodorante vencido (o nosso popular cecê)?

Sim, *fireworks display* é "queima de fogos". Pode, portanto, soltá-los, pois você acertou em cheio.

Quanto à segunda, e malcheirosa, questão, *BO* (*body odour/odor*) é a forma correta (e, creio, a única) para descrever essa situação tão desagradável. (Você acha mesmo que cecê é tão popular? *Just kidding*.)

Qual a origem e o significado da expressão *sun of a gun*?

Não é *sun*, mas *son of a gun* – "filho de uma pistola", e não "filho do sol". (Epa! *Sun of a gun* seria "sol de uma pistola". Quase me confundi. Ainda bem que corrigi a tempo.) São as armadilhas dos idiomas... *Son of a gun* é uma expressão americana bastante informal, basicamente uma exclamação, que quer dizer "pessoa" ou "cara". Não achei a origem da expressão, mas suponho que remeta à época do Velho Oeste (*Far West*).

O sentido é como se disséssemos "Puxa vida!". E o que quer dizer "Puxa vida!"? Boa pergunta. Deixe-me ver no meu *Aurélio*. *Well, well, well...* Vamos ver... Vamos ver... Nada! Gente! Não consta "Puxa vida!" do dicionário! Como é possível? Uma expressão que eu, particularmente, uso *n* vezes por dia. Pode ser que você não a use, mas tenho certeza de que a ouve um monte de vezes, diariamente. Não é verdade?

Mas não consta do *Aurélio*. Coisa estranha... Mas peraí! Caiu a ficha! Não é "Puxa vida!", é "Poxa vida!", com *o*, não *u*. Também me confundi com o som da palavra! Pelo menos, eu sempre escuto "pu", não "po". Vamos ver de novo no dicionário. *Aha*, agora sim! Consta como "*Interj.* Bras. Pop...". Consta também – para meu alívio – "puxa". Mas não consta "Poxa vida!" nem "Puxa vida!".

Para aqueles que ficam intrigados com expressões e exclamações do tipo *Wow!*, *Gosh!*, *By Golly!*, *Golly!* – todas seguidas em inglês por apenas um único e solitário ponto de exclamação –, eis a sua resposta.

É certo dizer *Secret is the soul of business?* Em português, o que eu desejaria dizer seria "O segredo é a alma do negócio". Mas, traduzindo assim, parece-me um pouco estranho...

Eu diria *Secrecy is the heart of (the) business*. Seria correto, mas não é uma expressão comum. Estranho? Também acho. Se fosse traduzir exatamente ao pé da letra, seria *The secret is the soul of the business*. Mais estranho ainda. Todo cuidado é pouco.

Não sei se li ou se aprendi com um professor que a origem da palavra *news* é a abreviação de N*orth*, E*ast*, S*outh* and W*est*. Ou seja, cobre de norte a sul, de leste a oeste – o que seria então traduzido por "notícia", em português. É verdade?

A idéia de que *North*, *South*, *East* e *West* formam *N.E.W.S.* é bastante criativa, mas sinto dizer que não procede. *News* é apenas "aquilo que é novo".

Sorry to disappoint you. Mas, aproveitando, deixe-me mencionar que *North*, *South*, *East* e *West* são um bom exemplo de colocação gramatical, pois sempre são citadas nessa mesma seqüência. Não se diz *South*, *North*, *West* e *East*, por exemplo.

Como eu diria "Sou descendente de italianos"? A minha dúvida é com "descendente". *Offspring* tem alguma coisa a ver com isso?

Você pode usar *I am of Italian descent* ou *I'm descended from Italians*. *Offspring* quer dizer "filhos", apenas.

O que significa "gênero biforme específico"? E o que são, no contexto da língua inglesa, "gênero biforme específico" e "gênero biforme de terminação"?

Minha nossa, pensei que fosse um vírus! Cada hora aparece uma coisa, pneumonia asiática, sei lá! Só posso tentar traduzir, pois não tenho a mínima idéia do que significam esses termos. *Specific biform genus/type/kind. Termination biform genus/type/kind.*

Espero ter ajudado (mas tenho lá minhas dúvidas)...

Qual a expressão inglesa equivalente às nossas "Fique esperto", "Abra os olhos", "Não pise na bola", "Não dê mancada", "Fique na sua" etc.?

"Fique esperto" pode ser *Keep your eyes open* ou *Keep on your toes*. "Abra os olhos" seria *Wake up* ou *Wise up*. "Não pise na bola" pode ser *Don't screw up* ou *Don't blow it*. Acho que as mesmas expressões inglesas se aplicam a "Não dê mancada". "Fique na sua" seria *Keep cool*.

Estou lendo um livro que o autor inicia com um *T-G-I-F*. O que significa? Tenho outras dúvidas: é correto dizer (com relação à nacionalidade) *Look at those two Dutch professors?* E *Look at those two Dutches*? Ou seja, posso colocar a nacionalidade no plural quando está ocupando o lugar de substantivo? Com *Dutch*, parece-me mais errado do que dizer *Look at those two Americans*. Como fica?

Como diria o velho Jack, vamos por partes. *TGIF* é uma frase dita às sextas-feiras, quando o fim de semana está chegando: T*hank* G*od* I*t's* F*riday* ("Graças a Deus é sexta-feira") = *TGIF*.

Em São Paulo, há um restaurante da cadeia americana TGI Friday's. Dá para entender que o restaurante pertence a alguém chamado Friday (por causa do apóstrofo) e que, para o nome, o dono se valeu do trocadilho entre a sigla e o próprio nome. Parece-me até que Robinson Crusoe e Daniel Defoe são sócios.

Quanto à outra dúvida, bom, *Dutch professors* é o mesmo que "professores holandeses". Está OK. Mas está errado dizer *two Dutches*. Deve-se dizer *two Dutchmen*, *two Dutch women* ou *two Dutch people*. *Dutch* é adjetivo pátrio, e adjetivos em inglês não levam plural.

Gostaria de saber se existe alguma outra forma de perguntar a idade, pois um aluno me perguntou se *How many years are you*? estava certo, e eu lhe disse que iria pesquisar, mas não encontrei nada em gramática nenhuma.

How many years are you? está errado. É puro "português em inglês". Ou quase. Claro que poderíamos piorar ainda mais, dizendo algo como *How many years* have *you?* – aí, sim, seria puro horror.

Para perguntar a idade – assunto muitíssimo delicado, aliás –, as melhores opções são *How old are you?*; *What is your age?*; e *What age are you?*. Além de "velho", *old* quer dizer "idade".

A expressão "recém-casados" é *just married* ou *newly-weds*? Ou ambas estão corretas?

Sim, ambas estão corretas. Mas há uma pequena diferença no uso. Vamos ver se a explico por meio de exemplos.

The newly-weds *went to Acapulco for their honeymoon* ("Os *recém-casados* foram a Acapulco para a lua-de-mel").

The couple didn't leave their room for two weeks as they were just married ("O casal não saiu do quarto por duas semanas, pois *acabavam de casar*").

Escrevo-lhe para tirar uma dúvida quanto ao uso de *more or less*. No seu livro, você disse que, em inglês, essa expressão é usada para demonstrar ordens de grandeza. No entanto, na música "The Boxer", da dupla Simon e Garfunkel, há a seguinte sentença: *We are more or less the same*. Nesse caso, gostaria de saber se o uso é correto ou incorreto.

"The Boxer"... Que canção linda... A letra (*the lyrics*) é muito inteligente, e nela o uso de *more or less* está perfeito. O que tento combater é o uso indiscriminado de *more or less*, mas sempre haverá ocasiões em que o termo poderá ser aplicável. É arriscado dizer "nunca" ou "sempre" quando o assunto é inglês.

Estou estudando com o livro *Raise the Issues*, de Carol Numrich, e deparei com uma expressão que não sei traduzir: *angel-on-a-pin issue*. Você poderia me explicar se é expressão idiomática ou gíria?

Existe uma questão filosófica antiga – *How many angels fit on the head of a pin?* ("Quantos anjos cabem na cabeça de um alfinete?") –, para a qual, obviamente, não há resposta (ou será que você tem uma?).

Para simplificar, faríamos a pergunta: "Quem veio primeiro, o ovo ou a galinha?" (Nunca colocam o galo no meio, não sei por quê...). Então, o *issue*, que é o assunto polêmico em pauta, refere-se a essa pergunta antiga para a qual não há resposta sensata.

Portanto, *an angel-on-a-pin issue* expressa um assunto do tipo "conversa pra boi dormir".

Qual é mesmo a tradução de *to take something for granted*? Nunca entendi essa expressão. Quanto a usá-la, sei menos ainda. Pode me ajudar?

Ao longo dos anos, tenho recebido vários *e-mails* a respeito da expressão *to take something* (ou *someone*) *for granted*. Tendo recebido ontem mais uma solicitação, resolvi agora dar uma resposta definitiva. Só resta saber se vou conseguir, pois a expressão não encontra eco em português. Bom, pelo menos eu nunca encontrei esse eco...

Acho bom começar com a palavra *grant*, tanto o substantivo como o verbo. *Grant* é "concessão, doação, auxílio". Algo outorgado ou concedido a alguém. *Grant* é usado também como "bolsa de estudos ou verba concedida para fins de pesquisa", como no seguinte exemplo: *Now I've received my grant, I can finally get my research done* ("Agora que recebi a aprovação financeira, posso finalmente realizar as minhas pesquisas").

To grant é o ato de "conceder", "admitir (aceitar como verdadeiro)", "outorgar" e "transferir". Não acabou. Também é o nome de uma pessoa – nome masculino. (Fato comprovado por meu micro, que a todo custo quer colocar *g* maiúsculo toda vez que digito *Grant*. Viu? Fez de novo!) Tenho um grande amigo inglês com esse nome, a quem tive o privilégio de ensinar o nobre jogo de *backgammon* (gamão) anos atrás. (Se ele ler este texto, vai dar risada.)

Vamos ver alguns exemplos simples e comuns usando *grant*: *I hope that God grants your wishes* ("Tomara que Deus lhe ouça"); *Granting this to be true...* ("Admitindo que isso seja verdade..."); *Yes, I agree; I must grant you that* ("Sim, eu concordo; tenho que lhe dar razão"). Outra maneira natural de dizer isso em português é "Tiro o meu chapéu".

E *to take for granted*? Onde entra nessa história? O meu dicionário dá como equivalente "tomar algo por certo". Uma boa alternativa? Pode ser, mas com a ressalva de que não me lembro da última vez que ouvi alguém, quem quer que fosse, dizer: "Oh, não! Não tome como algo por certo!" Acho que podemos descartar essa parte, então. *Sorry*, pessoal do *Michaelis*. Mas, se vocês quiserem reproduzir este texto numa próxima edição de dicionário, fiquem à vontade. Autorizado está, desde já.

Vou tentar criar uma frase comum, do cotidiano: *I took it for granted that you would give me a ride home; you always do* ("Achei que você fosse me dar carona para casa; você sempre dá"). *Yes, but not today; I'm sorry* ("Sim, eu sei, mas não hoje; lamento").

Quer outra? *You always take it for granted that I'll do the washing up after dinner; well, today I refuse* ("Você sempre acha que eu é que vou lavar a louça após o jantar; bom, hoje me recuso a fazê-lo"). Com esse episódio do cotidiano, temos todos os ingredientes, a essência, da frase. *To take for granted* é achar que algo vai continuar como sempre foi ou esteve. É inquestionável, porque sempre foi assim, e não se acha que vai mudar. Mantém-se o *status quo*. Vou introduzir outra frase que usamos em inglês que expressa os mesmos sentimentos: *to be part of the furniture*, ou seja, "ser considerado parte da mobília de casa". Essa frase é usada numa linda canção da banda Supertramp, "Take the Long Way Home":

But there are times that you feel you're part of the scenery
All the greenery is comin' down, boy
And then your wife seems to think that you're part of the furniture
Oh, it's peculiar. She used to be so nice...

Já pensou? Você é tão *taken for granted* que é como se fosse um velho sofá. Confortável, talvez. Mas sempre pronto para alguém descansar à sua custa. Acho que essa analogia capta bem o sentido de *to take for granted*.

Outra maneira de explicar *to take for granted* é considerar algo como verdadeiro, antecipar corretamente o que vai acontecer. Outro significado ainda é subestimar o valor de algo. Uma editora, ou leitor, que tivesse dado por certo que o Michael fosse saber explicar a expressão *to take for granted* com facilidade – esse seria um ótimo exemplo. A editora e o leitor podem até cair do cavalo, o que é normalmente o resultado quando se faz isso. (Por "isso", estou me referindo ao ato de *take for granted*, não ao fato de contar com o Michael.) Pois o dia chegará quando aquele "algo", aquela coisa ou pessoa com que ou com quem você sempre contava – e a que talvez, ou até provavelmente, você nunca desse muito valor –, não estará mais disponível.

Se eu disser *Don't take me for granted*, estou querendo dizer: "Só porque até o momento as coisas comigo foram assim, você pode se surpreender, pois elas podem mudar". *To take for granted* implica acreditar que algo é imutável. Poder sempre contar com esse algo, ou alguém. É confiar *demais*, pois, como sabemos, as situações e as pessoas mudam. E, se há algo neste mundo que muda, são elas – *and* that *you can really take for granted!*

Você poderia me dizer o que significa a expressão *let's play it by ear*?

To play by ear significa "tocar de ouvido", situação comum quando o músico é autodidata, ou seja, toca algum instrumento, mas não sabe ler partitura. Por analogia, a expressão também significa "fazer as coisas da maneira que vierem". Ou seja, sem fazer planos, pois não se sabe o que irá acontecer. Aproximadamente, "dançar conforme a música".

Você certamente já deve ter ouvido falar da dupla Sandy & Júnior, não? Pois bem, eles acabaram de gravar mais uma música em inglês. Lá pelas tantas, Sandy canta assim: *I wouldn't change you for anything*. Creio que ela estava querendo dizer que não trocaria a pessoa por nada. Espanto-me, pois nunca ouvi essa expressão com o verbo *change*, mas sim com o verbo *trade*. Qual das duas formas está correta? Ou ambas estão?

Sinto muito, mas a dupla está certa. *Change* é a palavra correta para esse caso. *Trade* é mais para comércio e bens – carros, por exemplo. Fala-se (brincando?) que o homem *trades in his fifty-year-old wife for two twenty-five-year-olds* ("troca a sua esposa de 50 anos por duas de 25"). Aí, sim, é tratar a mulher como objeto, *trading her*.

A sua interpretação da letra é perfeita.

Outro dia, eu estava numa loja de discos e, num deles, vi o título de uma música, mas não consegui achar a tradução adequada. O título era muito estranho: "Pay Back Is a Dog". Tudo bem, *pay back* é "devolver", "pagar de volta". *Dog* nem preciso dizer a tradução. Agora, traduzo isso como "devolver é um cachorro", "devolução é um cachorro"? Consultei os meus inúmeros livros de *idioms*, e nada. O que será isso, Michael? O que você diria?

Bom, a expressão *pay back is a dog* poderia ser dita de outra maneira, como *getting even sucks*. *To get even/pay back* significa "acertar as contas", "revidar". Qualquer coisa que *sucks* é chata, não presta, é porcaria. *Dog*, aqui, nada tem a ver com os caninos: pode também ser qualquer coisa ruim.

Portanto, a idéia é que chegar à hora H, de acertar as pendengas, será muito desagradável.

Como posso traduzir *Time Is of the Essence*? É o nome de um lindo CD de jazz que eu tenho, de um xará seu: Michael Brecker.

Essence, do latim *essentia*; tradução do grego *ousia*; *essens* e *essent* do particípio presente *einai* ("ser"); do inglês médio *essencia*; do francês *essence*...

Aguarde um minutinho para eu verificar no meu dicionário se estou acertando... Sim, tudo bem. A minha explicação etimológica procede. (Acreditou?) Bom, possíveis traduções são: "É urgente, pois o tempo não espera"; "O tempo é o mais importante"; "O mais importante é o tempo"; "O tempo é a essência"; "O âmago é o tempo"; "O tempo é crucial/O tempo é o elemento (mais) crucial/importante".

Um exemplo para o uso do termo é "Corra, pois *time is of the essence*". A propósito, também vou correr – a uma loja, para conhecer esse disco...

Gostaria que me ajudasse com a tradução da seguinte frase: "Comprei aquele vestido para eu usar na festa do meu amigo". Os meus alunos chegam a colocar: *I bought that dress for me to use at my friend's party*. Só que, nesse tipo de frase, eu entendo que "Comprei um vestido *para mim*", e não realmente no sentido de que eu comprei o vestido com o propósito específico de usar na festa... Entendeu a minha dúvida??? Também neste exemplo, "Quero viajar para eu descansar", eu usaria *I want to travel because I need to rest*. Haveria outra forma?

Eu diria que a expressão *I bought that dress (for me) to use at my friend's party* deixa bem claro que o propósito da compra era especificamente para você usá-lo na festa. A propósito, a festa foi boa?

Quanto à segunda questão, *I want to travel and get some rest* seria uma opção. Só que você deve tomar cuidado com o uso de *travel*. Melhor seria: *I want to go away* ou *get away for a break*. *Travel*, nesse contexto, soa um pouco como *Portuguese in English*.

O que quero perguntar é uma coisa relativamente simples que, entretanto, até hoje não entendi muito bem. Notei que, em inglês, existem três palavras para dizer algo que, em português, exige apenas uma: "também". São *too*, *also* e *either*. Qual é a forma mais adequada de usá-las? Outra coisa que aproveito para perguntar é o sentido de *figure out*. Essa dúvida surgiu quando eu conversava em inglês com um canadense. Ele até se esforçou para explicar, mas não teve jeito. Nem achei no dicionário. O que exatamente quer dizer essa expressão?

Vamos primeiro ao uso de *too* e *also*. São sinônimos com algumas sutilezas.

Also adiciona a uma frase algo que pode ser afirmado igualmente com aquilo que a precede. Por exemplo: *I like swimming also* (após ter afirmado que gostava de outra coisa, como namorar, por exemplo).

Too é mais informal. Mantém o mesmo sentido, embora com menos ênfase. É como se fosse uma coisa lembrada depois. Exemplo: *I like vanilla ice cream, and strawberry too.*

Either é totalmente diferente, pois denota que há uma escolha: *You can have either the fish or the meat, but you can't have both* ("Você pode comer o peixe ou a carne, mas não pode comer os dois"). Sei que é um exemplo fraco. Acho que não estou muito criativo no momento.

Você talvez tenha se esquecido da forma *as well* na sua relação de dúvidas. *As well* tem a vantagem de ser mais natural que *also*, embora o sentido não mude muito. Portanto, não são duas as opções, mas três: *too*, *also* e *as well*. *So, apart from too and also, we also have as well as well.* Gostou?

Já *figure out*, que tanto atrapalhou a sua conversa com o canadense, é simplesmente "entender" ou "compreender". Ou seja, *you can't figure him out* ("você não consegue entendê-lo"). Vamos a outro exemplo: *Can you figure out the mind of a terrorist who kills innocent people?* ("Você consegue compreender/entender a mente de um terrorista que mata gente inocente?"). Lembre-se de que o sentido básico de *figure* é "calcular usando a cabeça".

Também temos *figure out why*, como no exemplo: *I can't figure out why students in general don't give the study of English a higher priority* ("Não consigo entender por que os alunos em geral não dão prioridade maior ao estudo de inglês"). Não é o seu caso; por isso, escrevi "em geral".

Sou mais uma aluna com um monte de dúvidas na cabeça. Já que é permitido, gostaria de tirar algumas dúvidas. Eu não entendo por que é errado usar *that* nas frases *I want* that *you come immediately* e *I would like* that *you didn't say that to me*. Entendo a diferença entre *wanting* e *wishing*, mas não o uso inadequado do *that*.

Quanto ao uso de *that* nas frases citadas, só posso frisar que não se diz assim em inglês. Tentei mostrar a influência do português e como evitar construções (sintaxe) erradas. *That* simplesmente não é usado nesses casos. Fala-se *I want you to come immediately*, e fim de papo.

Mas, na frase *I would like that you didn't say that to me*, a sintaxe está totalmente inaceitável, pois mais parece português. Pode servir muito bem para o português, mas não para o inglês. *I don't want you to say that to me*, ou *I would prefer that you didn't say that to me*, é OK. E note que essa segunda frase aceita *that*.

Li esta frase num livro: *Romeo and Juliet killed each other*. Está correta?

Rezo para que essa frase não tenha sido escrita pelo grande Shakespeare – aliás, tenho certeza! Afinal, ela não está correta. Deve-se ler *Romeo and Juliet killed themselves* ("Romeu e Julieta se suicidaram"). Se fosse *killed each other*, significaria que Romeu matou Julieta e que Julieta matou Romeu. Não foi assim que a história acabou – ou será que estou pisando na bola?

Falando em suicídio, lembro uns versos que aprendi na Inglaterra quando criança. Quer ouvir? Lá vai:

A man laid by a sewer
And by that sewer he died
The jury at the inquest
Called it... suicide.

A piada se vale do trocadilho entre o som de *suicide* e o de *sewer side*. Entendeu? Não? Uma dica. *Sewer* é cano de esgoto, e *inquest* é uma autópsia realizada por médico legista. Tipo autópsia legal. Legal no sentido de coisa jurídica, e não de coisa bacana.

P.S. Se você não entendeu a minha poesia erudita, aí vai a tradução: "Um homem deitou ao lado de um cano de esgoto/ E morreu ali/ O júri no inquérito/ Julgou... é suicídio". Na verdade, suicídio é ficar ao lado do cano de esgoto.

A expressão *this night* está certa?

This night é possível numa construção de *reported speech* ou *indirect speech* (discurso indireto), mas não é muito comum. Se quiser se referir a "esta/essa noite" no passado, será mais normal dizer *that night*. Agora, atenção: se você estiver se referindo a hoje à noite, então não será nem *this* nem *that*. Será *tonight*.

Quando devo usar a expressão *as of*? Só no início de frase?

As of significa "a partir de". Algumas situações de uso: *As of today I will stop smoking* ("A partir de hoje, vou parar de fumar"); *As of yesterday I am writing three articles a day* ("Desde ontem, estou escrevendo três artigos por dia"). A seqüência pode ser invertida: *I will stop smoking as of today*; *I am writing three articles a day as of yesterday*.

O qual é correto, *I pay the meal* ou *I pay for the meal? Do you want to go to my home?* ou *Do you want to go my home?* Se puder, mande-me cópias de outras respostas das dúvidas que os seus leitores lhe enviam por *e-mail*. Obrigada.

Você paga *for the meal*, ou seja, você paga *pela*, e não *para a*, refeição. Afinal de contas, a refeição não recebe nada. *Right?*

Quanto à segunda questão, é preciso, sim, usar *to*. Talvez agora você esteja pensando na frase *I'm going home*, sem *to*. Assim está bem, mas não se pode dizer *Do you want to go my home* – tem que ser *Do you want to go* to *my home*. Por falar em *my home*, nesse caso seria preferível *my house*.
P.S. Pretendo publicar em breve um livro com as dúvidas de outros leitores. [Em tempo: promessa é dívida. Aqui está!]

WHY ENGLISH IS SIMPLER THAN PORTUGUESE

Part V – Yours, Your, Hers and His, Their and Theirs, Its (Seu, Seus, Sua, Suas, Dele, Deles)

E o "seu", "seus", "sua" e "suas"? Quantas vezes não sei quem está fazendo o quê! A frase "Minha mãe gostou do seu cabelo" me deixa em dúvida sobre se a pessoa gostou do meu cabelo, do cabelo de outra pessoa ou do dela mesmo. Mas, aparentemente, não estou sozinho nisso. No excelente *Manual de Redação e Estilo* do *Estadão*, de Eduardo Martins, também se encontra (encontra-se; encontrasse?), na seção "Pronome Possessivo – 4 – Duplo Sentido", a seguinte afirmação: "O uso de *seu* freqüentemente dá origem a orações de duplo sentido". O livro é claro: destina-se principalmente a jornalistas. Imagine então a dificuldade para nós, gringos!

Se eu quisesse dizer "Eu não abro mão de ir ao cinema toda semana", qual expressão eu usaria?

I make a point of going to the movies (Estados Unidos)/*cinema* (Inglaterra) *every week* parece-me a melhor tradução.

I make a point of trying to answer all my readers' e-mails ("Faço questão de tentar responder a todos os *e-mails* dos meus leitores").

Creio que "não abrir mão" e "fazer questão" significam a mesma coisa. Aliás, creio, não. Disso não abro mão. *I make a point of it.*

Estou fazendo um curso de conversação e, outro dia, disse à professora a frase *I will try to talk him out of it*, no sentido de convencer alguém a não fazer algo. A professora, que morou em Atlanta (Estados Unidos) por cinco anos, não entendeu e disse que nunca tinha ouvido tal expressão. Quem está certo? Será que o meu *feeling*, ou arquivo inconsciente, me traiu? Será que sei menos do que penso?

A sua interpretação da frase é absolutamente correta. Talvez você deva dar umas aulas à sua professora... Ou, ainda, buscar outra. A propósito, a frase quer dizer "Tentarei dissuadi-lo", em português.

Olá... tudo bem? Comprei o seu livro e adorei... é fantástico. Tenho uma dúvida: eu estava assistindo a um filme em que uma mulher dizia"Sei como é...", assim mesmo, em português, e a tradução era *Been there*. Está correto? Obrigada!

Na íntegra, a expressão é *Been there, done that,* e quer dizer: "Já sei; já passei por isso"; "Já estive lá e já fiz aquilo"; "Não é novidade para mim"; "Passei pela mesma experiência".

A expressão é dita normalmente num tom de ironia, de deboche, como se a pessoa estivesse cansada de saber. Portanto, a tradução que viu é correta.

Como eu poderia dizer que queria lhe pedir um favor (quis escrever isso no início da mensagem, mas tive medo de errar...). Seria *asking for a favour*?

Você pode dizer: *I'd like to ask a favour*; *I'd like to ask you for a favour*; *I'd like to ask you a favour*. E pode, também, me pedir o favor. Agora, dinheiro...

No meu trabalho, costumo receber algumas revistas estrangeiras, e a última continha a seguinte frase: *Your targets – our goals... Without a shadow of a doubt!* Foi quando pensei: Será que esse texto não foi escrito em *portuguese in english*? Ou será que em alguns casos temos expressões que são idênticas, literais? O mais engraçado foi que, após ter lido essa frase, perguntei a alguns amigos e todos foram taxativos: "Isso não existe em inglês!!! Deveria ter sido *surely* ou *certainly*". E uma das pessoas questionadas era professora!!!

Quanto à frase, ela me parece bem natural assim, algo como "Suas metas – nosso objetivo. Sem sombra de dúvida!". Não há nada de mais aí. Lembre-se, é *Portuguese* e *English* – essas palavras sempre se iniciam com letra maiúscula.

Quando dizemos "Vou torcer por você" ou "Estou torcendo por você" (no caso de um teste ou novo emprego, por exemplo), como usamos esse "torcer"?

Em casos como esse, precisamos usar o inglês do cotidiano. Algumas possibilidades são *I hope you do well*; *I hope it goes well*; *I wish you luck*; *I wish you well*; *I'll be thinking of you*; *Good luck*.

Creio que esses exemplos servião perfeitamente, mas parecem tão "sem sal", não é mesmo? Com um pouco mais de sal, pode-se usar a frase americana *I'm rooting for you*, como se fosse o seu time predileto de beisebol.

Como se diz em inglês a expressão irônica "para variar"? Agora, sim, vou parar de te azucrinar (aliás, "azucrinar", "encher o saco", como é?). Muito obrigado.

Para "para variar", eu diria *by way of a change* ou *for a change*, com o correspondente tom de voz, que é o que enfatiza a ironia. Para "azucrinar" ou "encher o saco", há boas opções:

To piss someone off. Exemplo: *She really pisses me off talking about how rich she is all the time.*

To upset. Exemplo: *Stop upsetting the dog. It'll bark all night.*

To get someone's goat. Exemplo: *He really got my goat when he said I was overweight.*

To annoy. Exemplo: *I wish the mosquitoes would quit annoying me.*

To get off someone's back. Exemplo: *The guy at the party wouldn't get off the redhead's back.*

To stop bugging me. Exemplo: *Stop bugging me or I'll call my brother.*

Gostaria de saber o significado desta pergunta: *What are you on?*

Muito provavelmente, *What are you on?* refere-se a drogas, e significa algo como "O que você está tomando?"; "Qual droga está te deixando alto/chapado/louco/maluco/pirado neste momento?".

Para perguntar o peso de uma pessoa, também se usa a expressão *How heavy*? Ou isso se aplica somente a objetos?

Sim, seria possível perguntar o peso de uma pessoa usando *How heavy are you?*, mas soa indelicado, especialmente se a pessoa estiver bem acima do peso ideal. O mais aceitável seria *What do you weigh?* (ou *What is your weight?*).

Se pensasse em português, você diria "Quão pesado(a) está você?"? Não? Então por que o faria em inglês?

Quando utilizo *Come on* e *Let's go?* Qual a diferença entre as duas expressões?

Come on e *Let's go* têm, basicamente, o mesmo sentido. *Come on* poderia ser um pouco mais para "Vá!", e *Let's go*, para "Vamos!". Não se esqueça de que usar as duas expressões juntas é muito comum. "Come On, Let's Go" – título daquele ótimo rock 'n' roll dos anos 50, interpretado por Ritchie Valens. Ritchie morreu num desastre de avião, junto com The Big Bopper e um dos meus cantores favoritos, Buddy Holly. No Brasil, sou hoje uma das poucas pessoas que podem dizer que viu Buddy Holly ao vivo (*live*, com a pronuncia */laiv/*). Foi em Londres, poucos meses antes da morte dele, em 1959. Ele e seu grupo, The Crickets, faziam um show de arrepiar. Que saudades, Buddy!

Caro Michael, tenho duas dúvidas: 1. Como posso dizer em inglês que "Eu me viro"? Por exemplo: "'Como é o seu inglês?' 'Ah, eu me viro...'" Não sei se está correto, mas eu diria *I make myself understood* (*My English isn't very good, but I can make myself understood*). Está correto? 2. Como é "assessoria de imprensa" em inglês?

1. A frase está correta, você pode usar *make myself understood*. Outra possibilidade – que eu prefiro – é dizer *I can get by* ou *I get by*. Por exemplo: *My English isn't so hot, but I get by* ("O meu inglês não está tinindo, mas eu me viro").
2. Para "assessoria de imprensa", use *press agent* ou *press secretary*.

Estava escolhendo um texto para dar aos alunos e li a seguinte frase: *This is the very place*. O que é esse *the very*? Em qual parte da gramática inglesa encontro explicação sobre isso? E quando devo usar tal expressão? Outra dúvida que tenho é quanto a *When it comes to guys, I have two left feet*.

Naquele caso, *very* é "o mesmo" ou "exato". Por exemplo: "Este é o lugar exato". Já *When it comes to...* quer dizer "Quando o assunto é...". Portanto, em *When it comes to guys, I have two left feet*, uma tradução possível seria "Quando o assunto é homem, fico toda desajeitada". Outra possibilidade: "Quando o negócio é lidar com homem, eu troco os pés pelas mãos". Pense na analogia: se você tivesse dois pés esquerdos, também encontraria algumas dificuldades.

Sou professora de inglês, e, outro dia, durante uma aula, aconteceu algo que me intrigou. Assim que o sinal bateu, um aluno exclamou: "Já???" E, em seguida, perguntou: "Como se diz 'Já?' nesse caso?" Confesso que fiquei sem resposta. Disse ao aluno que, no dia seguinte, eu lhe responderia, mas até agora não encontrei nada parecido. Será *already* ou *yet*? Ambos me parecem estranhos. Por favor, ajude-me.

What! Already? ou simplesmente *Already!* são boas opções e me parecem perfeitamente naturais numa circunstância dessas. *Yet* não se aplicaria.

Quando uma pessoa fica muito tempo sem ver a outra, dizemos: "Há quanto tempo não te vejo!" Como podemos expressar isso em inglês?

Se é muito tempo mesmo, pode-se dizer *Long time no see* (muito comum, embora bem coloquial); *It's been a long time (since I saw you last)*; e *I haven't seen you for such a long time*. As três opções são válidas.

Gostaria de solicitar dicas sobre os termos e expressões usados nas operações matemáticas fundamentais. Apesar de serem do nosso dia-a-dia, não são encontrados facilmente.

Boa pergunta. As quatro operações fundamentais são:

1. *Addition: 1 + 2 = 3. One plus two is three*, ou *One and two is three*, ou *One plus two equals three*.
2. *Subtraction: 9 – 5 = 4. Nine minus five is four*, ou *Nine less five equals four*.
3. *Multiplication: 5 x 5 = 25. Five times five is twenty-five*, ou *Five times five equals twenty-five*, ou *Five multiplied by five is/equals twenty-five*.
4. *Division: 33...* Caramba! Não acho a tecla para divisão! Então, irei diretamente a como se escreve e se diz. É assim: *Thirty-three divided by eleven is three*, ou *Thirty-three by eleven is three*.

Quando devo usar *go back*? E quando se usa *come back*?

Felizmente, não é nenhum bicho-de-sete-cabeças. *Go back* é "voltar", e *come back*, "retornar".

Tudo vai depender de onde o narrador estiver falando. Se uso *go back*, estou mandando você voltar para onde veio (um lugar distante de onde estou). Se uso *come back*, estou mandando você voltar para cá, onde estou agora. Para mim, parece mais fácil em inglês que em português. Não acha?

Em inglês, como se diz "Vamos emendar o feriado"?

Let's make it a long holiday-weekend? Não há nada mais específico. *This weekend is going to be a long weekend*. Ah, mas você está falando em emendar o feriado, a famosa "ponte" brasileira, não é? Dá na mesma, não há nada específico... Este Brasil! Será que temos mais férias e feriados que dias de trabalho (especialmente quando as pontes são incluídas)?

Como é que você traduziria, ou encontraria uma expressão similar em *slang*, para "tesão" ou "ter tesão"? E para "Você não presta"?

"Tesão/ter tesão": *to be horny*; *to have a hard on* (só homens); *to be randy* (usada na Inglaterra, mas me parece um pouco antiquada); *to have wood* (só homens);

to have a woody (só homens); *to be hot; to have the hots for (someone)*; *to want it*; *to feel like it*; *I'm wet* (*for you*) (só mulheres).

"Você não presta": *You're no good*; *You're worthless*; *You're nothing*. Que mudança de assunto!

Eu gostaria de saber se há alguma analogia entre a frase "De tanto gostar de estudar inglês, acabou indo morar nos Estados Unidos" e o uso da palavra "senão", como em "Use agasalho, *senão* você vai ficar resfriado".

Uma opção para dizer essa frase seria usar a expressão *to end up*. Exemplo: *(As) he liked studying English so much, he ended up going to the States*. Expressões equivalentes para "senão" são: *if you don't*; *if not*; *otherwise*; *unless*. Na sua segunda frase, teríamos: *Use/wear/put on a sweater when you go out*; *if you don't, you'll catch a cold*.

Outros exemplos: *I'll try to get a job; if not, I'll starve* ("Tentarei conseguir trabalho; senão, ficarei na pior"); *I must get a date with Mary; otherwise I'll go crazy/Unless I get a date with Mary, I'll go mad* ("Preciso conseguir sair com Mary; senão, ficarei maluco").

Mas, sinceramente, não sei se há analogia no meio.

Quando eu uso a expressão *Make my day*?

A expressão é usada quando algo de que você gosta muito acontece. Algo como "Ganhei o dia", em português. Está sentindo falta de exemplos? OK, vamos lá. *Some readers' e-mails really make my day* ("Alguns *e-mails* que recebo dos meus leitores fazem valer o dia"); *Hearing my girlfriend's voice on the phone just made my day yesterday* ("Ter ouvido a voz da minha namorada ao telefone já valeu o dia").

Quando você usa? Quando tiver vontade de dizer que alguma coisa deu muito certo.

Recebo sempre *e-mails* do Canadá que são finalizados com *As always*. Como traduzo para o português? Seria: "Como sempre", "Até breve", "Até a próxima"?

De certa forma, sim. Eu também uso *as always* com o sentido de "como sempre/sou deste jeito e não mudarei/conte comigo sempre que precisar".

Espero ter respondido à sua pergunta.

As always,

Michael.

Existe diferença entre *Send me no flowers* e *Don't send me flowers*? Qual é a expressão mais utilizada??? Já vi as duas.

As duas expressões significam basicamente a mesma coisa. A diferença é que a primeira é mais incomum – e mais elegante.

Send me no flowers é "Não me envie flores". *Don't send me flowers* é "Não envie flores para mim".

Há alguma expressão equivalente na língua inglesa para o termo "jogo de cintura"?

Desconheço expressão equivalente. Creio que usaríamos algo como *flexibility*; *flexible*; *to have the knack* (embora *knack* seja mais para "jeito"). Veja um exemplo: *I have to be quite flexible to answer some readers' questions* ("Tenho que ter bastante jogo de cintura para responder às perguntas de alguns leitores"). Dependendo das circunstâncias, podemos usar *to juggle*, no sentido de "fazer malabarismos".

Acho que, por ser uma característica bem brasileira, talvez falte uma expressão adequada em inglês. Quem sabe?

Existe uma música em que a cantora diz: *Our voices will ring together, until the twelth of never...* O que quer dizer *until the twelth of never*? Tenho dúvidas também em outra música: *Can't ever keep from falling apart, at the seams... Who do you need, who do you love, when you come undone?* As minhas dúvidas estão em *falling apart at the seams* e em *come undone*.

Tenho certeza de que você já ouviu falar em "até o fim dos tempos", não? Consegue agora captar a essência de *the twelth of never*? Isso mesmo, "até o fim da eternidade". Literalmente, significa "dia 12 de nunca".

Agora, vamos falar de *seams*. *Seams* são "costuras", OK? A frase quer dizer "se desfazer". "Não consigo parar de me desfazer", ou seja, "Estou praticamente caindo aos pedaços", "Não consigo me controlar".

Undone é "desfeito". Nesse contexto, *when you come undone* significa "quando você estiver em apuros".

Quem é essa cantora tão apaixonada, hein?

Confira pra mim estas três frases, pois estou em dúvida: 1. *A little gift for you from your great friend.* 2. *A little gift for you from your big friend.* 3. *A little gift for you from your best friend.* Estão todas corretas? Qual seria a melhor para a minha *sweet girl*?

A primeira e a terceira frases estão corretas, é isso mesmo. Já a segunda, *A little gift for you from your big friend*, bem... *Big? Very strange unless you are three meters tall, or... well...* OK, passa.

Quanto à sua última pergunta – em relação à *sweet girl* –, tenho a lhe dizer o seguinte: se for namorada mesmo, nenhuma, pois se trata de uma *friend*, apenas. A minha sugestão, portanto, seria *a little gift to my wonderful girlfriend*.

Por fim, interessante notar o uso da preposição *for*. *To* me parece mais coerente: *A gift to (my friend)*.

Gostaria de saber se há algo equivalente, em inglês, a "ficar a ver navios". Por exemplo: "Se você não se matricular no curso esta semana, perderá o prazo (ficará a ver navios)". "Se não chegarmos cedo para o jogo, ficaremos fora do primeiro time (ficaremos a ver navios)". O sentido da expressão é algo como perder a oportunidade de fazer alguma coisa, mas não sei expressar isso em inglês.

Eu diria algo como *If you don't enrol(l), you'll miss the chance/ you'll be up the creek/ you'll be in hot water/ you'll be in trouble*. Todas essas expressões se encaixam naquilo de que você precisa.

But if you don't improve your English, you're going to regret it (ficará a ver navios). Muitas expressões são complicadas. Afinal, não existe equivalência natural nem tradução fixa. Tudo dependerá do contexto. Línguas são coisas vivas, não estáticas.

WHY ENGLISH IS SIMPLER THAN PORTUGUESE

Part VI – Acentuação

Lembrei-me de outro assunto: a questão da acentuação. Para mim (me?), acentuação era um conceito totalmente estranho. Nunca me vi às turras com circunflexos, acentos agudos, crases e... tem mais? Acho que não. *Thank God!* Ah, faltou o trema. E o cê-cedilha? E ainda... o til! OK. Parece-me que são seis ao todo. Será que não estou esquecendo nenhum?

Bom, pelos meus cálculos, os acentos são responsáveis por cerca de 5% dos toques que precisamos digitar ao escrever qualquer texto. Isso é muito ou é pouco? Cabe a cada um decidir, embora eu, pessoalmente, ache muito (admito que, muitas vezes, deixo que o meu micro se encarregue da sua colocação. Você pode chamar isso de trapaça, mas que facilita a minha vida, facilita!). Mas 5%? Quiçá a minha conta bancária tivesse essa taxa de rendimento diariamente – ou mesmo mensalmente. Por outro lado, seria pouco, se levássemos em conta a taxa de juro do meu cartão de credito...

Sei que o conceito não é tão estranho como quero fazer crer (falo dos acentos, não dos juros). Afinal, estudamos outras línguas, principalmente francês, nas escolas de Sua Majestade.

Se aprendemos de fato... bom, aí são outros quinhentos. Falo apenas por mim, claro.

Gostaria de saber o significado da expressão *bring it on*, da música "Hot Dog". Diz assim: *Ladies and gentlemen, introducing The Chocolate Starfish and The Hot Dog Flavored Water! Bring it on! Get the f—k up!*

Nesse caso, *bring it on* significa simplesmente "traga" ou "venha". Será que foi a sua única dúvida? Por favor, não me peça para "interpretar" o restante, exceto o título, talvez – *just kidding. I don't think!*

Interessante essa questão cultural.

Qual a forma correta: *I live in Ohio State* ou *I live in the state of Ohio?*

Ambas estão corretas, mas é mais comum dizer *I live in Ohio*, apenas. O interessante é que os americanos normalmente dizem que são de determinada cidade deste ou daquele estado. Por exemplo: *Hi, I'm John from Chicago, Illinois.* Outro exemplo: *I'm Mary Jean from Birmingham, Alabama.*

Os britânicos não fazem assim. Dizem apenas: *I'm Bill from Birmingham*, ou *I'm Jill from Grimsby*. Pelo fato de a Grã-Bretanha ser uma ilha tão pequena, talvez não sintam a necessidade de identificar o condado ou o país (que são quatro: Inglaterra, Escócia, Gales e Irlanda do Norte). Já nos Estados Unidos, além do enorme tamanho do país, há muitas cidades com o mesmo nome, o que torna a identificação do estado mais necessária.

Ultimamente, ando me identificando como *Michael from London, England.* Não sei por que faço isso, mas que ando fazendo, ando. Influência dos norte-americanos?

Estou com dúvida em relação à posição de *only* numa frase que encontrei num livro: *I speak only English*. Ela está correta?

Ao dizer *I speak only English*, o locutor está enfatizando o fato. Não está errado, apenas é bem menos comum que *I only speak English*.

Uma professora nossa dá aulas a um aluno que trabalha numa editora que lançará uma revista para o público feminino. Ao explicar para ela que tipo de mulher eles pretendiam atingir, a expressão "bem resolvida" surgiu. Que termo em inglês pode expressar este conceito: "Ela é uma mulher bem resolvida"?

Aí vai um time de futebol inteiro de expressões equivalentes, para você usar e abusar:

1. *She knows what she wants.*
2. *A woman who knows what she wants.*
3. *A woman who gets what she wants.*
4. *For the woman who knows (what she wants).*
5. *(For) the woman who has everything.*
6. *She has her head in the right place.*
7. *She has her head screwed on right* (coloquial).
8. *For the successful woman.*
9. *For the woman who has made it.*
10. *For the woman who has it made.*
11. *For the woman who knows what's what.*

E ainda deixo quatro na reserva:

12. *For the woman who's going places.*
13. *The/a woman who's arrived.*
14. *She's got it all together.*
15. *She's really together.*

Acho que essas opções devem cobrir todas as eventualidades. Putz, acabou a criatividade!

Vi esta frase num texto que estava lendo: *How could I not?* Está correta? O que significa?

Sim, a frase está certa, certíssima! Significa "Como é que eu podia não fazer?". Ou seja, fala de algo que era inevitável fazer, não podia deixar de ser feito, era (quase) obrigação.

Também é aceita a contração: *How couldn't I?*

Aqui, nós usamos muito a expressão "Fazer o quê?". Existe algo correspondente em inglês?

Diríamos *What can I do (about it)?* ou *What can you do?*; outra opção seria *So what?*, embora essa última soe um pouco agressiva, como se estivéssemos desafiando a outra pessoa.

Como dizer "Vamos combinar um almoço?", já que o verbo não é *to combine*?

Para dizer "Vamos combinar um almoço?", você pode usar *Let's have lunch together?*; *Let's get together for lunch?*; *Shall we have lunch sometime?*; *What about lunch (sometime)?*; *Let's lunch tomorrow?*; *Why don't we have lunch?*; *Let's arrange to have lunch sometime.*

OK, vamos. Agradeço o convite. Eu gosto de carne, e você?

Caro Michael, como eu poderia dizer em inglês as seguintes frases: 1. "Coisas que já passaram não voltam mais". 2. "Isso já faz tanto tempo". 3. "Já faz tanto tempo que eu nem me lembro mais". 4. "Já se passaram tantos anos". 5. "Se você for à padaria, aproveite e compre algumas cervejas".

Eis algumas opções:

1. *Things that are gone and won't come back.*
2. *That was a long time ago.*
3. *It was so long ago that I can't even remember it*; *That is so far back I can't remember it.*
4. *Many years have gone by.*
5. *As you're going to the bakery, could you get me some beer?*; *If you're going to the bakery, while you're there could you buy some beers?*

Eu, de novo. Mais dúvidas: 1. "Não dá pra você se mancar?" 2. "Desde garoto, não tomo uma bronca como essa!" 3. "Unir o útil ao agradável". 4. "Nada como um dia após o outro". 5. "Seja o que Deus quiser". 6. "O telefone estava grampeado". 7. "Estava com o tanque na reserva". 8. "Estava falando com o frentista". *Thanks!*

Sim, senhor. Vamos às traduções:

1. *Don't you get it?*; *Can't you see?*; *Can't you take a hint?*
2. *Since I was a kid I haven't been bawled out like that.*
3. *To combine business with pleasure* (é o mais próximo que consigo chegar na tradução).
4. *There's nothing like one day after the next/other.*
5. *Whatever will be will be* ("Que será, será").
6. *The phone/line is bugged/tapped.*
7. *I was down to the reserve*; *I was on the reserve.*
8. I *was talking to the pump jockey* (Estados Unidos)/*petrol station attendant* (Inglaterra).

Let me explore you a little bit more. Recentemente, perdemos nosso irmão Dee Dee Ramone. Ao ler a letra de uma das suas músicas, achei o seguinte: _I just wanna have some kicks, I just wanna get some chicks._ É de uma canção chamada "Rock 'n' Roll High School". O que quer dizer _have some kicks_?

Please don't "explore" me (unless you're a great-looking woman, which I know you aren't). But I'll let you "exploit" me, no problem. Para que não haja dúvidas: por favor, não me "explore" (a não ser que você seja uma mulher muito bonita, e sei que não é; quero dizer, não é mulher), mas eu vou esclarecer a letra dos Ramones, sem problemas.

Have some kicks significa "se divertir", "fazer o que se gosta". Algumas pessoas o fazem por meio de festas, esportes, drogas, viagens, música, o que quer que seja. *I get some of my kicks answering reader's mail.*

Não perguntou, mas *chicks*, caso não saiba, são "gatas", "minas". Ou "raparigas", em Portugal.

Está certo dizer _Did you receive my e-mails saying sorry for you?_?

Não. É preferível dizer isto: *Did you receive my e-mails apologising for not coming?*

Sorry for me é "ter pena de mim".

Lamento importuná-lo mais uma vez, mas o fato é que estou em dúvida com o uso desta frase curta: _Shame on you._

Não se preocupe. Não é nenhuma vergonha. *Shame on you* significa "Que vergonha!", "Você não tem vergonha?", "Você deveria se envergonhar!". Muitas vezes, a frase é utilizada em sentido bem leve, nada pesado.

Semana passada, meu aluno perguntou se havia uma expressão que traduzisse "estar com o sentimento à flor da pele". A primeira coisa que me veio à mente foi _I've got the hots for you._ Você conhece alguma outra?

Well, well. To have the hots for someone é "ter ou sentir tesão por alguém". Portanto, não é aplicável. "Ter os nervos à flor da pele" é *to be edgy* ou *to be wired.* Outra possibilidade é *to be jumping out of your skin.*

Como é que eu digo que "O ralo (do banheiro) está entupido" em inglês?

Use *The shower drain is clogged/blocked.* Mas, como demorei tanto a responder, posso imaginar você às turras com o problema, enquanto espera pela minha resposta para poder explicar ao zelador (*building janitor*) o problemão que você tem. Desculpe-me.

Em *What you can get called is not fit to print*, o que quer dizer *is not fit to print*?

Algo *not fit to print* é tão sórdido ou desinteressante que o editor acredita que não deve ser publicado.

Na frase *It's no picnic being a police officer*, a expressão *it's no picnic* significa o mesmo que *it isn't easy*?

Exatamente. *It's no picnic* quer dizer que algo é muito difícil. *Let me tell you, it's no picnic answering readers' questions, but I like it* ("Vou te contar, não é fácil responder às dúvidas dos leitores, mas eu curto").

Vi um salão de beleza chamado Sun Time. O nome correto não seria Sunny Time?

Talvez *Sunny Time* soe mesmo um pouco melhor que *Sun Time*. Mas, na minha opinião, ambos são um pouco esquisitos. Acho que o dono do salão confundiu horário com clima.

Aqui estou eu novamente. Desta vez, tenho uma dúvida quanto a uma expressão que ouvi numa música dos Beatles: *Another girl who will love me till the end/ Through thick and thin she will always be my friend...* O que significa *through thick and thin*?

Through thick and thin é o mesmo que *through the bad times and the good times*: "para o que der e vier", "nos bons e nos maus momentos".

Bom, estava pensando bastante a respeito, mas não achei uma expressão equivalente a "queimar o filme". Poderia usar a expressão *to make a fool of one's self* nesse caso?

To make a fool of yourself é, de fato, uma ótima interpretação para "queimar o filme". *To show yourself up* é outra opção. *He didn't drink a lot at the office party to ensure he wouldn't make a fool of himself in front of his boss* ("Ele não bebeu muito na festa do escritório, para garantir que não queimasse seu filme perante o chefe").

Michael was afraid he'd show himself up at the karaoke bar, but he really has a good baritone voice ("Michael estava com receio de que queimaria seu filme no karaokê, mas ele é um barítono excelente").

Estava dirigindo quando vi um *outdoor* que trazia o nome de uma escola e, em seguida, a frase *For those who don't have time to lose.* Aí, fiquei me perguntando se estava certo ou errado. E tenho certeza de que você vai concordar comigo plenamente: está totalmente errado!!!
Lamento discordar, mas tanto *for those who* have *no time to lose* quanto *for those who* don't have *time to lose* são frases perfeitas, que querem dizer o mesmo: "Para aqueles que não têm tempo a perder".

Alternativamente, poder-se-ia usar *waste* no lugar de *lose*, e só.

How can I say:
1. "Faz parte" (quando o aluno diz "faz parte" da vida, das coisas que acontecem no dia-a-dia).
2. "Beliscar" (quando vamos a uma festa e começamos a "beliscar" a comida).
3. "Banco de horas" (quando alguém faz hora extra, mas a empresa não remunera, e então esse tempo extra fica incluído no "banco de horas", para que seja desfrutado mais tarde, em dias de folga).
4. "Banca" (antes da formatura, o aluno precisa apresentar sua monografia perante um grupo de professores, que analisará o desempenho dele).
5. "Pôr a mão na massa" (no sentido de fazer tudo o que for necessário, "ser pau para toda obra").
6. "Título de eleitor" (sei que os ingleses não são obrigados a votar, mas, quando há eleições, quais documentos são necessários?).
7. "Carne-de-sol".
8. "Amistoso" e "morte súbita" (no futebol).
Caramba, quantas questões em uma! Lá vai:
1. Acho que a expressão *It's all in the game* serve muito bem. É de uma música com o mesmo título. *Many a tear has to fall, but it's all in the game* ("Muitas lágrimas precisam ser derramadas, mas faz parte").
2. Use *to nibble on/at some food*. Por exemplo: *Stop nibbling at the crisps Mark; you'll spoil your appetite* ("Pare de beliscar as batatinhas, Mark; vai estragar o seu apetite").
3. Para "banco de horas", use algo como *hours, work or time "in lieu". Lieu* tem a pronúncia */lu/*.
4. Use *examining board.*
5. Uma opção é *shirtsleeves*. Exemplo? *He's a shirtsleeve manager. He rolls up his shirt sleeves and just gets the job done.* Equivale a "arregaçar as mangas".

6. O eleitor já é registrado no local da votação. Não há documento.
7. Você pode pedir *jerked beef* ou *jerky*. Esse tipo de carne é muito raro na Inglaterra, embora provavelmente saibam o que é. Nos Estados Unidos, é mais comum.
8. Para "amistoso", usa-se a *friendly* ou *a friendly match*. "Morte súbita": *sudden death play-off*.

***I've been reading your book and leafing* trough your book, i *[through it I]* *realized that most* of the readers *[readers] were writting "I have a doubt". So when* i *[I] saw the first case* i *[I] was* waiting that *[expecting] you* said that *[to say] it was* incorrect *[wrong]. I* had this thought *[thought this] because my English teacher* said us *[told us] that we have to* use *[say] "I have a question" and not "I have a doubt". He probably gave us* some *[a] reason for* that but sincerely i *[but I] don't remember it.* How *[As] I know that* nobody *[no one] is perfect (not even my teacher)* i *[I]* would like you give me a explanation about it *[wondered if you could give me an explanation]*.**

Caso alguém esteja meio perdido, vou traduzir a dúvida do leitor: "Estava lendo seu livro e, folheando-o, percebi que a maioria dos leitores estava escrevendo *I have a doubt*. Portanto, quando vi o primeiro caso, estava esperando você dizer que estava errado! Pensei isso porque meu professor de inglês nos disse que temos de usar *I have a question* e não *I have a doubt*. Provavelmente, ele nos deu o motivo para isso, mas, sinceramente, eu não me lembro. Como sei que ninguém é perfeito (nem meu professor), queria que você me desse uma explicação a respeito".

Agora, sim, vamos à resposta. Quando dizemos "Tenho uma dúvida" e "Tenho uma pergunta (a fazer)", estamos dizendo coisas distintas. A diferença entre uma *doubt* e uma *question*, ou seja, entre uma dúvida e uma pergunta, é a mesma que há em português, concorda?

Ambas as frases significam coisas diferentes, dependendo do que se quer dizer. Será que você se limitaria a uma usar uma só expressão em português, desprezando a outra?

P.S. Entre colchetes, como de costume, fiz algumas correções importantes. *Please pay attention*, sobretudo no uso do pronome pessoal *I*. É sempre com maiúscula!

Como professor de inglês, adotei o livro *Initiative for Advanced Students* (Walton & Bartram; Cambridge). Nele, encontrei um *phrasal verb* (*went out on away*) que não entendi, e até o momento não achei explicação sobre ele em nenhum dicionário. O contexto é o seguinte:

1st speaker: Good match, then?
2nd speaker: Hm, I really have to eat my words on that one.
1st speaker: How do you mean?
2nd speaker: I'd said that Liverpool would win two-nil.
1st speaker: Yeah? What made you think that?
2nd speaker: Well, they destroyed them when they played them last month.
1st speaker: And what was the final score?
2nd speaker: One all. Liverpool* went out on away *goals.

Sim, é uma boa pergunta, e posso entender por que é tão difícil de compreender. Você deve se lembrar de que a frase inteira é *Liverpool went out on away goals*, em que *away* é adjetivo de *goals*. *Liverpool went out* quer dizer que o Liverpool foi eliminado do campeonato. *On* é a preposição que dá o motivo; significa "por causa de". *Away goals* são os gols marcados quando se está jogando fora de casa.

Isso tudo quer dizer, portanto, que o Liverpool foi eliminado pelo saldo de gols marcados fora de casa. Não está claro se essa diferença se refere aos gols marcados a favor ou contra, mas é um detalhe. Espero tê-lo ajudado.

1. Na frase *If he's not sure I'd rather he said*, gostaria de confirmar se estou mesmo dizendo "Se ele não tem certeza, eu prefiro que ele diga". Estou? Está correto usar *I'd rather he said* nessa situação? 2. Estava olhando o meu livro de gramática, e lá estava isto: *I daren't tell him*. Está errado dizer *I don't dare tell him*? O livro de gramática não diz nada a respeito, mas eu me lembro de minha *host mother* ter dito aos filhos: *Don't you dare!*

1. A sua interpretação e a sua compreensão da frase estão perfeitas. *I'd rather he said* também é corretíssimo.
2. Poderia também dizer *I don't dare tell him.*

Estava corrigindo a lição de uma aluna que escreveu *I went to a massage*. É possível? Até já pensei em outra possibilidade: *I had a massage session.*

Você pode escrever: *I went for a massage*; *I went to a massage parlour*; *I had a massage (session)*. *Session*, aqui, é OK, mas talvez redundante.

Posso traduzir *Not everything is perfect* como "Nem tudo é perfeito"?
Yes, your translation is perfect (everything).

1. Como posso dizer "Fazer um vôo de asa-delta"? Podemos usar *take off* para a decolagem, ou seja, para quando as pessoas saem do chão? 2. É correto dizer *He feared that something wrong could happen* ("Ele temia que alguma coisa errada pudesse acontecer")? 3. Qual a diferença entre *health club* and *fitness centre*? Vi essas expressões num livro que mostrava *hotel facilities*. 4. Como posso dizer "gestão empresarial"?

1. "Asa-delta" é *hang glider*, e o esporte se chama *hang-gliding*. Sim, *hang gliders* (tanto as pessoas quanto as asas) *take off and land* – decolam e aterrissam, como aviões. Quer dizer, utiliza-se a mesma terminologia (não que as pessoas sejam tão rápidas como os aviões).

2. Sim, é correto.

3. Sim, *health clube* e *fitness centre* têm o mesmo significado.

4. Você pode usar *company management* ou *company administration*.

Estas duas sentenças estão OK? Se não, qual a mais provável? São elas: *She has been studying French for some time, but I'm afraid she hasn't done any progress*; e *She has been studying French for some time, but I'm afraid she hasn't been doing any progress*. No livro do curso que faço, o autor sugeriu que apenas a primeira estava certa. Entretanto, acho que podemos dizer que *doing progress* é uma forma contínua; portanto, a segunda também seria possível.

Em primeiro lugar, nenhuma das frases é correta, pois não dizemos *do progress*. Sempre *make progress* (ou, pelo menos, devemos).

Mas, olhando pelo lado bom, ambas as frases estarão corretas desde que *do* seja substituído por *make*. Ou seja, se você disser *...but I'm afraid she hasn't* made *any progress*, ou *...but I'm afraid she hasn't been* making *any progress*, estará acertando.

Quanto à freqüência de uso, eu diria *fifty-fifty*. É a velha história das diferenças entre *present perfect simple* e *progressive*. Prefiro não comentar a sugestão do autor.

Queria saber mais a respeito de Sean Lennon, apenas para verificar a minha resposta no *college entrance examination*. Havia um texto confuso sobre ele (*Sean Lennon, son of singer-songwriter John Lennon, is now a musician in his own right. He is a member of the band Cibo Matto, and released his debut solo effort,* Into the Sun...), com as seguintes opções:

1. *He became a member of the Cibo Matto band.*
2. *He left the Cibo Matto band.*
3. *He started a solitary carrer.*
4. *He remained a solo singer.*
Por favor, poderia me dar a resposta certa?
Sim, você tem toda a razão. A pergunta é confusa e também incorreta. Afinal, não se diz *solitary carrer*, e sim *solo career*. No contexto, as respostas 1 e 3 estão corretas (acho).

Se eu quisesse dizer em inglês algo como "lago de águas azuis", seria melhor dizer *blue-watered lake, blue water lake* ou, simplesmente, *lake of blue water*? Uma vez, na sala de aula, eu usei a primeira opção, e minha professora me corrigiu, mas eu não senti confiança nela.
Concordo com a sua professora: *blue-watered lake* é bastante estranho. Menos estranho talvez seja *lake of blue water*, seguido por *blue water lake*.

Mas tenho um comentário a fazer: todas as frases me parecem um pouco esdrúxulas, como também me parece a original em português. Sabe por quê?

Pense um pouco. Quando dizemos que o mar é azul, podemos dizer "um" ou "o" mar azul. A palavra "água" não entra na história como palavra em si, pois o mar é... bem, o mar é água. Portanto, a palavra "água" torna-se redundante. A mesma coisa se aplica ao seu lago de água azul. Basta dizer "lago azul". Se um lago não é de água, então é do quê? Areia? Não. Porque então seria um deserto ou praia, mas nunca um lago.

Se você disse que não sentiu confiança na sua professora, posso imaginar o que ela sentiu. Muitas vezes, os alunos jogam para os professores perguntas estranhas como essa, com sintaxe esquisita, e esperam que respondamos imediatamente, num piscar dos olhos. Aliás, até sem tempo para piscar os olhos.

Bom, as coisas não funcionam assim, mas os professores podem cair na armadilha de sentir que têm de responder na mesma hora. Para você ter idéia, gastei um tempão pensando a respeito dessa pergunta. Tempo que, obviamente, a sua professora não teve.

Semana passada, durante minha aula de inglês, perguntei ao professor como se diz em inglês "fazer a bainha da calça", mas ele não soube me responder. Como é?
Hmmm, como se diz "fazer a bainha da calça"... Vamos ver se posso ajudar. Para início de conversa, depende de se você vai levantar ou baixar a bainha, e, pior, em que país o trabalho será feito. Isso mesmo, não estou exagerando.

A bainha se chama *turn-up* em inglês britânico e *cuff* (com a pronúncia */kaf/*) em inglês americano. Ambos os países também usam a palavra *hem*, só que ela é mais usada para a bainha de saia. O americano diria *shorten* (levantar ou encurtar), ou *let down*, ou *lengthen* (rebaixar, alongar) *the cuffs*, enquanto o inglês, com a sua polidez habitual, poderia dizer: *Could you please kindly shorten the turn-ups*, ou *lengthen them*, ou, ainda, *let them down* ("O senhor poderia me fazer o obséquio de encurtar – ou de alongar – a bainha"). Outra opção seria *Could you please turn up* (ou *turn down*) *the turn-ups*, mas confesso que você poderá até confundir o alfaiate ou costureira se falar desse jeito.

Tentei ajudar, mas peço desculpas se o confundi. Essas nossas línguas...

Só para completar: *cuff*, em inglês britânico, é o punho da camisa, e não a bainha da calça. Dá para acreditar? E o punho da camisa, nos Estados Unidos, é... *cuff* também!

A propósito, por que você precisa saber disso em inglês?

P.S. Para atiçar mais ainda a sua curiosidade a respeito da língua inglesa, a palavra *cuff* também significa "bater com a mão aberta" (normalmente, nas orelhas de alguém – e, com freqüência, esse alguém são os nossos filhos). Outro significado para *cuff* é "colocar algemas" (não necessariamente nos filhos...).

E há ainda a expressão *on the cuff*, que é "ter crédito" – algo como "comprar fiado". E ainda – minha nossa, não consigo parar de usar a palavra "ainda"! – temos *off the cuff* (informal), quando alguém fala de improviso.

Gostaria de contar com a sua colaboração para decifrar o significado de duas frases que encontrei em canções. A primeira frase é *My huckleberry friend*, no seguinte trecho de "Moon River":
Two drifters off to see the world;
There's such a lot of world to see.
We're after the same rainbow's end,
Waitin' round the bend,
My huckleberry friend.
Moon River and me.
A segunda é *children listen to hear sleigh bells in the snow*, que aparece neste trecho de "White Christmas":
I'm dreaming of a white Christmas
Just like the ones I used to know
Where the tree tops glisten
And children listen
To hear sleigh bells in the snow.

Quanto a *huckleberry friend* em "Moon River", está-se fazendo menção a Huckleberry Finn, personagem do livro *The Adventures of Huckleberry Finn*, escrito por Mark Twain (Samuel Longhorne Clemens, 1835–1910). No livro, Huckleberry é um menino sapeca que mora com a tia no estado do Mississippi, numa cidade que beira o rio de mesmo nome. A estrofe então deve remeter o leitor às paisagens e cenas da época. (Gozado, li o livro de Twain há apenas dois meses!)

Quanto a *listen to hear* em "White Christmas", é muito simples. Deve-se lembrar que *listen* requer que você preste atenção ao som de algo. Portanto, *children listen to hear* quer dizer que as crianças estão prestando atenção, pois sabem que irão ouvir o som dos *sleigh bells* desde que fiquem atentas.

Há muitos anos, minha mãe dizia: "Está na hora de todos nós *to pull up our socks*". O que significa *pull up our socks?*

Pull up your socks quer dizer "puxar (ou levantar) as meias", e significa simplesmente começar a fazer algo, ou se aprontar para fazer algo. O sentido é o mesmo de "arregaçar as mangas". Só muda a vestimenta.

Recebi de um amigo inglês uma carta que dizia: *England is the throes of dank winter*. Entendi que eles devem estar passando frio, mas gostaria de conhecer melhor a expressão. Você a conhece?

Sim, conheço a expressão. Só que faltou a preposição *in*: *England is* in *the throes of (a) dank winter. To be in the throes* quer dizer "estar nas garras/nas malhas de algo"; "estar passando por fortes dores".

Dank quer dizer "úmido e desconfortável". A frase descreve muito bem, por sinal, o inverno britânico.

E ainda tem gente que pergunta por que moro no Brasil!

Quando falamos ao telefone e solicitamos "um momento" para a pessoa que está do outro lado da linha, devemos dizer em inglês *Wait a moment please* ou *Just a moment please?* Qual dessas opções está correta? Ou as duas estão? Outra dúvida: quando ligamos para uma pessoa que está nos Estados Unidos, por exemplo, está correto dizer *Hello, my name is fulano, I'm talking from Brazil... I would like to talk* to *fulana?* Ou se diz ...with *fulana?*

Tanto *Wait a moment please* como *Just a moment please* são corretas. Mais natural ainda, porém informal, seria dizer *Hang on* ou *Hang on a sec*. Também se pode dizer: *Could you hold (on) for a minute?*

Quanto ao equivalente em inglês para "Aqui é fulano", pode-se dizer *This is Rodrigo da Silva; I'm calling from Brazil; I'd like to speak to John Smith*. O uso de *with* é aceitável, mas menos habitual.

Ontem, vi o seguinte num livro de gramática: *As far as shopping goes, I'd rather go to N.Y... As far as food goes, I'm not very hungry...* E havia mais outras frases. O que quer dizer *As far as... goes*? Como e quando eu posso usar isso?

As far as shopping goes quer dizer "no que concerne às compras/quanto às compras/no que diz respeito às compras", ou seja, para isso, prefere-se Nova York. Portanto, *as far as... goes* diz respeito ao assunto de que se trata.

So, as far as my answer goes, you have it now. BTW (abreviação muito comum de *by the way*, "a propósito"), a expressão inclui um substantivo, não um verbo. *Shopping* é substantivo – a atividade de fazer compras.

Qual a maneira correta de dizer "Eu tenho um compromisso naquele dia" em inglês? Poderia ser *I have an assignment on that day*?

Eu não usaria *assignment* nesse contexto. Soa mais como lição de casa (tarefa; lição; trabalho). O que podemos dizer é *I have other arrangements for that day/date*. Também é bastante comum dizer *I'm sorry but I have something else on*. Por fim, há ainda *I'm sorry but I'm not free*, que é uma boa opção também.

Num contexto de negócios, pode-se dizer *I have another appointment*.

Uma aluna me perguntou como dizer "cada um em sua casa", e então eu disse *They were everybody in their house*. Mais tarde, ela me perguntou como dizer "Nós estávamos cada um em sua casa", e não pude ajudá-la. Após pensar, percebi que fiz tudo errado, não é mesmo? O certo seria *They were in their own house* e *We were in our own house*?

Each one in their own house me parece uma opção mais acertada. Na minha opinião, o ideal no segundo caso seria dizer *Each of us were in our own house(s)*. Pode-se usar *houses* se eles morarem em casas separadas, mas é apenas um detalhe. Usei *own* ("própria") para dar sentido mais claro.

Portanto, as suas duas respostas são também corretas, supondo que cada pessoa está na própria casa. *Each of us* é aqui basicamente a mesma coisa que *we* na segunda resposta, *We were in our own house(s)*. Mas, como você usou "cada", o uso de *each* é pertinente.

Já não é a primeira vez que me perguntam como se diz em inglês "atender" (a um cliente) e "bom atendimento". Como é, afinal?

Pode-se usar *to attend a customer*, como no exemplo: *The salesperson was attending a client*. Também é comum dizer *The salesman was waiting on the customer*. Lembre-se de que *to wait on* é também o que o garçom faz no restaurante com os clientes: *He waits on the customers* ou *He waits on the tables*.

Outra opção seria dizer *to serve*. *The salesgirl was serving the customer*. Isso é bastante comum em lojas: *The owner of the paint store was serving the customer*.

"Bom atendimento" é, simplesmente, *good service*: *That shop provides good service; they respect the customer*.

Sou eu novamente, depois de algum tempo sumido. Os meus alunos me fazem perguntas interessantes de vocabulário que nunca me ocorreram. Como se diz "descaracterizar", no sentido de modificar a essência das características de alguma coisa? Veja o exemplo: "A novela *O Clone* descaracteriza os costumes muçulmanos".

A sua interpretação de "descaracterizar", ou seja, "modificar a essência das características...", parece-me "essencialmente" correta. Portanto, a tradução *The soap opera* The Clone *decharacterizes Muslim customs* pode ser considerada essencialmente correta, também.

Só que, ao escrever essa frase, percebo que não me sinto confortável com ela. Sabe por quê? Você conhece a palavra *clumsy*? Quer dizer o seguinte: "desajeitado"; "difícil de manusear". O que temos no trecho "a essência das características" senão *clumsiness* (para não dizer "redundância")? Afinal, parece-me que bastaria dizer "modificar as características", mas modificar a essência delas? Não sei, não.

Prefiro dizer algo como *The soap opera* The Clone *distorts Muslim customs*; *doesn't correctly depict Muslim customs*; *doesn't pay due homage to Muslim customs*; *doesn't depict Muslim customs as they really are*; ou até mesmo – por que não? – *modifies the essence of Muslim customs*. Todas essas frases podem ser utilizadas em português.

Porém, talvez devamos nos perguntar por que insistimos em usar estruturas que complicam tanto as coisas, e acho que temos aqui uma lição importante: inglês é, em essência, uma língua simples e descomplicada. Consiste em palavras que têm poucas sílabas, mas que, juntas nas suas várias seqüências (sintaxe), permitem que nos expressemos bem, com clareza e simplicidade. Como tentei mostrar aqui.

Apesar de a palavra *decharacterize* existir, há outras maneiras tão expressivas e ricas (para não dizer elegantes) de se expressar. Não há necessidade de usar palavras complexas para tentar impressionar o ouvinte, aluno ou leitor. Atente ao axioma: *Keep it simple.*

That's what I try to do.

Outro dia, estava escutando uma música chamada "That Old Feeling" (gravada por músicos de jazz como Chet Baker e Louis Armstrong), e havia uma frase cujo sentido não entendi: *I saw you last night and I got that old feeling, when you came in sight I got that old feeling.* O que quer dizer *you came in sight?*

Nice song, nice song. Mas vamos à sua dúvida. *You came in (or into) sight* simplesmente quer dizer que "Você apareceu", que "Eu conseguia te ver". Nada complicado.

Ia dar outro exemplo, mas, depois de "That Old Feeling", fico até sem graça. Bom, lá vai: *When the ship finally came into sight, I could see it was very old* ("Quando o navio finalmente apareceu, pude ver que era bem velho").

Minha nossa! Que exemplo fraquinho... Devo estar cansado. Espero que você tenha entendido.

Durante uma daquelas sessões sem fim de correção de lição de casa, surgiu uma dúvida. O meu aluno escreveu *yesterday night* em vez de *last night*, conforme aprendemos em sala. Talvez ele tenha se baseado em *tomorrow morning*. *Yesterday night* é totalmente errado? Ou será que alguns nativos falam assim?

Não, nativos não falam *yesterday night*, não. Embora todos consigam entender o significado de *yesterday night*, definitivamente não é algo que um falante nativo use. Isso é o que eu chamaria de caso clássico de "português em inglês", no qual as palavras são inglesas mas a sintaxe é puro português.

É algo que, com certeza, eu corrigiria se um aluno meu me dissesse, para dar a ele exemplos de casos em que brasileiros que estão aprendendo inglês erram e mostrar o porquê. É um exemplo perfeito de coisas a evitar.

Vi um *slogan* que dizia o seguinte: *Transforming technology in success*. Pensei a respeito e cheguei à conclusão de que, se a frase fosse escrita em português, soaria melhor. Você traduziria "Transformando tecnologia em sucesso" como *Transforming technology in success?* Pareceu-me muito estranho.

A frase me parece, sim, esquisita, incompleta. Teria sido melhor usar a preposição into: *Transforming technology* into *success*. *Into* é uma preposição que descreve exatamente transformação ou movimento. Assim, não se limita a cobrir uma posição. Se eu fosse o autor da frase, também teria usado *turning*: Turning *technology* into *success*. Mas, como ninguém me pediu, não fiz isso.

Um comentário, apenas. Sinto que esse é um bom exemplo de tradução que até uma máquina faria.

***Hello my friend. Long time! No see you!! I'm missing you. Did you miss me?* Eu gostaria de saber o significado de *What does it take?* e de *How long does it take?*. Eu até sei o significado geral, mas *What does it take* eu não consigo entender.**

Olá, como vai? Que bom que voltou a ter dúvidas. Mas veja: *missing you* é usado apenas entre amigos muito chegados (ou amantes). Portanto, devemos ter cuidado ao usar a expressão. E dizemos *long time no see*. Não é necessário dizer *you*.

Bom, isso posto, devo dizer que *What does it take?* significa "O que é preciso?". *How long does it take?* quer dizer "Quanto tempo leva?".

Outras expressões de sentido muito próximo e bastante usadas são *How much does it take?* ("Quanto precisa?") e *How many men does it take to make up a football team?* ("Quantos homens são necessários para formar um time de futebol?").

How do you say* Eu não poderia passar sem televisão*?

Primeiro, vou responder à sua dúvida. "Eu não poderia passar sem TV" é *I can't get by without TV*, em que *to get by without* é o mesmo que "ficar/passar sem".

Agora, vou à bronca. *English students can't get by without studying and reading a lot*, ou seja, "Estudantes de inglês não podem passar sem estudar e ler bastante".

O que significam estas expressões? Algumas eu até consigo entender, mas de outras não faço a menor idéia. São elas: 1. *She started wowing people with her voice*. 2. *Flaunting sassy*. 3. *Is a song that kicks pretenders to the curb'*. 4. *She segued from her bedroom to singing*. 5. *Began pouring out*. 6. *Tomboy*. 6. E, finalmente, *She's chomping at the bit to bring it*. Obrigada.

Wow! Vamos lá:

1. O verbo *to wow (someone)* significa "surpreender", o que nos leva à interjeição – *wow!* Uma tradução para a frase é: "Ela os entusiasmou com a sua voz".

2. *Flaunting sassy* significa "se exibir de maneira atrevida". *Sassy* vem de *saucy*, que significa "apimentado".
3. A tradução para a frase: "É uma música que coloca os pretendentes de lado, na sarjeta (*curb* = sarjeta)". Ela "deixa os outros de lado" ou "para trás".
4. O verbo *to segue* (*segued*; *seguing*; *segues*) significa "se locomover suavemente, sem hesitação, de um estado, condição ou lugar para outro". "Ela saiu do seu quarto para a carreira de cantora" (Provavelmente, quer dizer que mudou o estilo de vida, deixando de ser prostituta para virar cantora.)
5. *To pour* é "derramar"; "jorrar"; "entornar" (líquidos). Ou seja, a frase significa "começou a jorrar".
6. *Tomboy* refere-se a uma menina que gosta de fazer coisas normalmente feitas por meninos. Uma menina que se veste como menino.
7. *To chomp* (variação de *champ*) é "morder energeticamente", "com violência". *Bit* é o freio do cavalo, aquilo que vai à boca do animal para que ele freie quando solicitado. *Chomping at the bit* quer dizer, então, "louca para começar", "impaciente". Ou seja, "Ela está louca, ansiosa, para trazê-lo".

Como se diz em inglês "Eu me viro!", se alguém me perguntar se eu falo aquela língua?

"Eu me viro" pode ser expresso dizendo *I get by/I can get by.* Ou seja: *My English isn't perfect, but I can get by in most situations* ("O meu inglês não é perfeito, mas eu me viro na maioria das situações").

Outra situação para usar esse termo, também (infelizmente) bastante corriqueira, é: *I get by on my small salary* ("Eu me viro com um salário pequeno").

Longe de mim desejar isto a alguém, mas situação igualmente comum é *While I'm unemployed, I can't get by on what I have* ("Enquanto estou desempregado, não consigo me virar com aquilo que tenho").

Agora, se a coisa ficar mesmo preta, poder-se-á usar o seguinte: *I was lost in the forest but got by by eating grubs and insects* ("Eu estava perdido na floresta, mas consegui me virar comendo lesmas e insetos").

Espero que ajude. *And I hope you can get by with the help of my explanation now* ("E eu espero que você consiga se virar agora com o auxílio da minha explicação").

Meus alunos do nível avançado estavam lendo *Jane Eyre*, de Charlotte Brontë. Num dos capítulos finais, há uma expressão estranha, que achei difícil explicar. Vou reproduzir a parte do capítulo. Diz: *It was a journey of six-and-thirty hours. I had set out from Whitcross on a*

Tuesday afternoon, and early on the succeeding Thursday morning the coach stopped to water the horses. **Ela queria dizer horas? É comum falar assim?**

Sim, Charlotte Brontë queria dizer exatamente isto: 36 horas. Era assim que diziam e escreviam períodos de tempo naquela época. Outro exemplo, para deixar mais claro, seria dizer "cinco e vinte dias", em vez do mais moderno "vinte e cinco dias".

É uma amostra do estilo inglês usado até tempos relativamente modernos, até mais ou menos o início do século 20. Mas vale frisar: algo assim não seria usado hoje em dia sem parecer um pouco pretensioso, antiquado ou falsamente poético. No entanto, ainda há muitos lugares em que os números das dezenas são invertidos.

Como se diz "Se Deus quiser"?

De muitas maneiras: *If God is willing*; *If God wills*; *God willing*; *God be willing*; *If it is God's will*...

Estou escrevendo porque já pesquisei em todos os dicionários disponíveis e continuo com dúvidas; então, talvez você consiga me salvar. A frase *Human relations will be farther than today* pode ser aceita como correta? A pessoa que escreveu a frase quis dizer que "As pessoas não estarão unidas (daqui a algum tempo, no futuro)". Algo como *People will not be very close*. Agora eu pergunto: as duas frases podem ser aceitas como corretas?

Infelizmente, a expressão *Human relations will be farther than today* está totalmente desprovida de sentido. *Farther* (mais distante) *than what* (do quê)? E *human relations* vêm a ser o quê? Primos, tias?

Mesmo com os melhores dicionários do mundo à mão, você dificilmente chegaria a uma conclusão precisa. *People will not be very close* – querendo dizer que as pessoas não vão estar muito próximas ou unidas – é a escolha mais correta.

Poderia me dizer como devo traduzir a pergunta "Ninguém sabe nada sobre isso?"? Não estou sabendo como fazer.

Eu diria *Doesn't anyone know anything about this?* (*negative interrogative*). Também se poderia dizer *Does no one know anything about this?* (*interrogative*), ou, ainda, *Does anyone know anything about this?* (*interrogative*). Entretanto, a primeira tradução é a que recomendo.

Aprendi uma expressão em inglês, mas, sinceramente, não entendi exatamente em qual contexto utilizá-la. É *to be driven to*. Pode me dar alguma ajuda?

To be driven to significa "ser obrigado a fazer algo por uma força maior". Por exemplo, *His wife's constant nagging drove him to drink* ("Sua esposa resmungava tanto que ele passou a beber muito"), ou *He was driven to stealing to feed his family* ("Ele foi obrigado a roubar para alimentar a família").

Peço perdão pelas frases feitas.

Preciso traduzir o seguinte pensamento de Aristóteles: "Só fazemos melhor aquilo que repetidamente insistimos em melhorar. A busca da excelência não deve ser um objetivo, e, sim, um hábito". Poderia me ajudar?

Traduzir Aristóteles? Quanta responsabilidade... Bom, tentarei. Aqui vai: *We only do our best when we repeatedly insist on the best. The quest for excellence should not be an objective but a habit.*

Já deve existir uma tradução consagrada, mas não sei onde procurar.

Tenho as seguintes dúvidas de tradução: 1. *I've got you under my skin.* 2. *I've got the world by a string.* 3. *You've got me on my knees.* 4. *Nurse* pode ser usado para os dois sexos? 5. Como se traduz "serviço de copa e cozinha"?

Lá vai:

1. *I've got you under my skin* ("Tenho você embaixo da minha pele)". Em outras palavras, "Estou apaixonado por você".

2. *I've got the world by a string* ("Tenho o mundo amarrado por um barbante"). Ou seja, "Estou no comando", "Tudo está indo bem".

"I've Got You Under My Skin" e "I've Got the World on a String" são títulos de canções clássicas, muito famosas. "I've Got the World on a String", conhecida pela gravação de Louis Armstrong, fazia parte do musical *I'll Get By*, do ano de 1950.

"I've Got You Under My Skin", escrita por Cole Porter, é do musical *Born to Dance*, de 1936. A letra é mais ou menos assim:

I've got you under my skin,
I've got you deep in the heart of me,
So deep in my heart,
You're really a part of me.
I've got you... Under my skin.

A música já foi gravada por vários artistas, inclusive Frank Sinatra, U2 e Diana Krall.

3. *You've got me on my knees* ("Você me colocou de joelhos"). Significa isso mesmo: "Estou de joelhos", ou porque estou apaixonado, ou porque estou sendo submisso.

4. Embora *nurse* se aplique aos dois sexos, muitas vezes se usa *male nurse*.

5. *Room service*.

WHY ENGLISH IS SIMPLER THAN PORTUGUESE

Part VII – Multissexo

Aí, quando estamos nos acostumando com os paradoxos do masculino e feminino (perguntar não ofende: não deveria mesmo ser "feminina"?), eu vejo um acidente na rua. Um homem, coitado, foi atropelado (nada grave, felizmente), e quero informar o ocorrido. Digo: "Um homem acabou de ser atropelado. Mas não se preocupe. O vítima está passando bem".

Aí, vem alguém para me avisar: "Michael, você não pode dizer *o* vítima. É *a* vítima". "Mas quem foi atropelado foi um homem", respondo. "Não importa. É a vítima, porque vítima é bi ou multissexual (ou algo assim)."

Sei, sei. Chama-se esse fenômeno de comum de dois. Mas, não contente, ainda pergunto: comum de dois o quê? De dois sexos? É? Então, ao chamar o fenômeno de "multissexo", não errei tanto o alvo. Ufa!

Estou com dificuldades para traduzir o trecho: *The kind of scoot his dick was quiverin' for cost. Like a Shovelhead, Zenith carbs, nuclear displacement, polished cases – everything polished, satin chrome. Somethin' chopped, Paughco Fishtails, unleaded valve seats, powder-coated frame with a lot of flake in it. Give the whole thing a nice big stretch with some Kennedy long-forks, or just some wide-glides if you didn't want to hard-on that much. Skirted seat with a backrest, because his back hurt, specially in the mornin'.* Agradeço se puder me ajudar.

Minha nossa! Você realmente tem um problema de tradução! Você, não. Agora quem tem um problemão sou eu!

Lamento não poder ajudá-lo. O trecho é tão cheio de gíria e palavras específicas que só posso adivinhar o assunto; mas creio que se refere a uma motocicleta. Ainda bem que inglês também é cultura!

Tenho aprendido muito com seus livros e dicas, mas agora estou com umas dúvidas e ficaria muito feliz e bem informada com sua resposta! Está certo dizer *He eats too many French fries*? Ou o certo é dizer *too much*? Outra dúvida: posso dizer *He only does enough exercise*? *Enough* está correto nesta frase?

Too many French fries é uma frase correta. *Fries* (batatas fritas) é substantivo contável. *Too much* é usado para coisas incontáveis e abstratas.

Dizer *He only does enough exercise* parece incompleto, embora gramaticalmente correto. Inclusive em português, acredito: "Ele faz apenas exercício suficiente" é uma frase correta (acho), mas meio estranha, concorda?

Translate please: "The tune upon his lips has passed... I sing alone".

Yes, mam! "A melodia dos seus lábios se foi... (Eu) canto sozinho."

Vocabulário

Fico impressionado com a quantidade de correspondência que recebo a respeito de vocabulário.

Muitas vezes, uma simples consulta ao dicionário resolveria a dúvida, mas não: alguns leitores escrevem para mim sem antes pensar se poderiam achar a resposta sem a minha participação. Admito que, às vezes, sou muito tentado a dizer: "Não sou dicionário ambulante, caramba!" Mas, por educação, não o faço. (E, se você acredita que eu posso ser mesmo um dicionário ambulante, deve também acreditar que Papai Noel existe e que logo virá para lhe dar um presente – inglês pronto na ponta da língua, por exemplo.)

Tento responder aos leitores que fazem perguntas assim lhes fornecendo as palavras solicitadas, mas não resisto a dar umas cutucadas, do tipo: "No meu dicionário consta tal coisa. E no seu, o que você achou?" Nada muito sutil, sou obrigado a admitir; tento, porém, aproveitar o momento para mostrar atitudes que considero cômodas. Tudo bem, posso ficar dando tudo mastigado na boca dos meus alunos, mas creio que estou ajudando muito mais se os ensino a usar o dicionário com freqüência cada vez maior.

Coisa minha, sim. Sem dúvida. Mas de que não abro mão, porque acho – acho, não; tenho certeza – que, ao agir assim, estou fazendo o melhor que posso. Lembra-se daquela velha história a respeito do que é melhor, se dar o peixe ou ensinar a pescar?

Tenho uma dúvida. Como se diz "TPM" ("tensão pré-menstrual") em inglês?

TPM é *PMS* (*premenstrual syndrome*), ou, ainda, *PMT* (com *T*, de *tension*; *premenstrual tension*). Diferentemente das brasileiras, portanto, as mulheres de língua inglesa têm duas opções. Sei, sei. Todas prefeririam não ter nenhuma. (E, cá entre nós, *what a wonderful world that would be*.)

Mas... uma palavra final da comediante americana Roseanne Barr: *Women complain about premenstrual syndrome, but I think of it as the only time of the month that I can be myself* ("As mulheres reclamam da TPM, mas eu acho que é a única vez no mês em que posso ser eu mesma").

Uma vez li que *Welsh rabbit* é um doce feito de leite, manteiga, pão e açúcar. Parece com a rabanada, comida típica do nosso Natal. É isso mesmo?

Até onde me lembro, *Welsh rabbit* ou *rarebit* é queijo quente sobre torrada com manteiga. Sim, acabo de checar no meu dicionário e é exatamente isso, às vezes misturado com leite ou temperos. Portanto, nada a ver com rabanada, que, se não me engano, é *French toast* em inglês.

Gostaria de aproveitar a ocasião para solicitar um esclarecimento seu quanto à expressão que usam em inglês quando querem dizer "horário comercial" (para definir um horário predeterminado de trabalho, atendimento etc.).

Para "horário comercial", usamos *business hours* ou *hours of business* (quando se trata de uma empresa). Exemplos: *Business hours are from 9 am to 5 pm*; *Sales people will only be allowed on the premises during hours of business*.

Já *working hours* é similar ao nosso "expediente" e é usado quando queremos nos referir ao horário do funcionário e, às vezes, ao horário da empresa ou estabelecimento. Exemplos: *My working hours are too long: I'm working from six in the morning to ten at night*; *That company's working hours are totally incompatible with the market place*.

Há também as expressões *opening time/closing time*, usadas para determinar o horário de funcionamento de uma loja, bar ou similar. Também se usa *opening hours*. Veja o exemplo: *Opening time – Midday / Closing time – 11 pm*.

Qual a diferença entre *shade* e *shadow*?

Grrrrr! Que raiva! Outro *e-mail* de leitor que pede uma explicação sobre as diferenças entre *shade* e *shadow*! Essa dupla causa obviamente certas dificuldades ao estudante brasileiro de inglês, pois em português só há uma palavra: "sombra". E sombra é sempre sombra. Não há dois tipos.

Mas não é por isso que estou com raiva. Afinal, é sempre um prazer, e muitas vezes um desafio, explicar certas sutilezas da língua inglesa. Estou com raiva porque já havia escrito uma explicação tempos atrás, uma explicação que achei completa e elucidativa (ia dizer "fantástica", mas a modéstia não me permite).

Não me lembro se era engraçada também, mas deve ter sido. Aí, guardei nas entranhas do meu micro, esperando o momento oportuno de ressuscitá-la. Assim, quando outro leitor pedisse a mesma explicação, eu já a teria, prontinha-da-silva. Bom, provavelmente você já adivinhou o que me aconteceu, não?

Isso mesmo. Não consigo encontrar o arquivo que me custou tanto trabalho elaborar. E ontem, afinal, aconteceu. Quero dizer que foi ontem que o leitor me mandou o *e-mail*, e não que foi ontem que eu escrevi o artigo pela primeira vez. Mas eu já disse isso, não disse?

Então hoje, apesar de estar com os olhos vermelhos de tanto chorar a perda, e de ter passado a noite em claro lamentando o fato, resolvi reescrever o artigo, com a certeza de uma coisa: após tê-lo reescrito, dentro de dois dias, no máximo, irei encontrar o texto perdido. (Mas isso tudo tem o seu lado positivo, pois já sei por experiência própria que, quando escrevo algo pela segunda vez, o resultado é melhor que da primeira. Adivinhou: de fato, não é a primeira vez que não localizo um trabalho meu.)

Bom, e por onde vou começar? Vamos iniciar com *shadow*, que me parece mais simples. *Shadow* é aquela sombra que se cria quando um corpo (pode ser o meu, o seu ou o da Cameron Diaz; para falar a verdade, prefiro que seja o dela, mas, para efeito deste artigo, pode ser o de qualquer um) fica entre uma fonte de luz (o sol ou uma iluminação qualquer) e uma superfície sólida, formando assim uma... bem, formando uma sombra.

Um pouco mais complicado é dizer que *shadow* é a diminuição da luz como resultado da intercepção dos raios; é a escuridão parcial. Ou que é uma área pouco ou parcialmente iluminada, devido à intercepção de radiação por um objeto opaco entre a área e a fonte da radiação. Acho que chegou o momento de dizer uma das minhas frases preferidas: *Yes... well.*

Prosseguindo, essa sombra é apenas de duas dimensões. Espero não estar exigindo muito de você, que já não se lembra tanto assim das suas aulas de física. Mas é um ponto importante a recordar antes de entramos no quesito *shade*.

Gramaticalmente, *shadow* é substantivo contável. Veja um exemplo: *Walking along the beach on a late sunny afternoon, I saw two long shadows coming from behind me; then two beautiful Brazilian girls overtook me* ("Caminhando pela praia ao final de uma tarde ensolarada, vi duas sombras se aproximando por trás de mim. E então duas lindas brasileiras me ultrapassaram").

Agora, vamos para *shade*. *Shade* é uma sombra de três dimensões. Além de altura e largura, possui profundidade. Para que fique bem claro (a explicação, não a sombra), peço-lhe que imagine uma árvore. De preferência, uma bem grande; um velho carvalho, por exemplo. Alto e majestoso, bem frondoso (que palavra bonita!), daqueles em que, num dia quente e luminoso, sob um sol escaldante, é um alívio ficar embaixo. Você vai então se abrigar do sol na sombra dessa árvore. Em inglês, *in its shade*. Você pode entrar dentro de *shade*, pois, como eu já disse, *shade* é tridimensional. Possui volume.

"Ahhh... entendi..." Não? Então, vamos ver um exemplo: "Tudo de que eu precisava naquele dia escaldante era um pouco de sombra e água fresca" (*All I needed on that scorching day was some shade and cool water*).

Para que a diferença entre *shade* e *shadow* fique bem clara, basta lembrar que você não pode adentrar uma *shadow*. Pode pisar nela (e aqui vai uma miniaula de preposição: *you can step* on *it; you can't step* in *a shadow*), mas não pode fazer mais que isso.

Tendo dito isso, ocorre-me que não é possível pisar na *shade*, pois o conceito de *shade*, sendo tridimensional, exclui a possibilidade de ser lançada sobre uma superfície sólida. Só que, é óbvio, uma árvore – o nosso grande carvalho –, ao mesmo tempo que cria sua *shade* embaixo de si, vai lançar uma *shadow* também.

Deixe-me explicar – ou, pelo menos, tentar. Se o corpo de uma pessoa faz uma *shadow* (e faz), e você se coloca "dentro" daquela *shadow*, você estará na *shade* da pessoa. Mas, muito provavelmente, isso não irá refrescar muito, a não ser que a pessoa possua a massa corporal de um gigante. Complicado? Sei que é, mas não tanto assim. (Vá, concorde comigo, por favor. Senão, vou ter de continuar tentando explicar as diferenças, e daqui em diante só vai piorar.)

OK, continuando. Pela sua própria natureza, a *shade* é um conceito quase abstrato e, apesar de possuir três dimensões, não é substantivo contável. A não ser...

Claro, há exceções. Mas as exceções não se referem a *shade*, ou *shades*, de sombras. Na gíria, chamamos "óculos escuros" de *shades*. Exemplo: *She was wearing shades, but when she took them off I could see how beautiful her eyes were* ("Ela estava de óculos escuros, mas, quando os tirou, eu pude ver quão lindos eram os olhos dela"). *Shades* também são cortinas. Veja o exemplo: *He opened his eyes, got out of bed and opened the shades to let the sun in* ("Ele abriu seus olhos, saiu da cama e abriu as cortinas para deixar o sol entrar").

Ou, se quisermos ser menos prosaicos e um pouco mais elegantes, *The shades of night are falling fast* (Henry Wadsworth Longfellow). Há também uma linda canção chamada "Twilight Time", interpretada pelo grupo vocal The Platters, que diz: *Heavenly shades of night are falling; it's twilight time*. Aqui, nos exemplos, *shades of night* significa "as sombras escuras que se juntam no crepúsculo". E *twilight* é... bom, *twilight* também é crepúsculo.

Só para terminar, há ainda os adjetivos *shady* (que, além de significar cheio de sombra, tem a conotação de "caráter ou honestidade questionável") e *shadowy* ("relacionado a" ou "se parecendo com uma *shadow*", isto é, algo a que falta substância). Eis uma excelente definição: "faltando substância". Exatamente o que representa uma *shadow*.

Mas esses adjetivos, bem como os verbos, eu, sem sombra de dúvida (*without a shadow of doubt*), deixo para você pesquisar no seu dicionário quando tiver um tempinho.

Gostaria de saber se há alguma regra específica para o uso dos termos *response*, *answer* e *reply*.

Hummmm! Boa pergunta, esta. Deixe-me pensar um pouco. Claro que todos esses termos podem ser traduzidos para "resposta", donde a sua dúvida. Vamos ver se consigo ajudar...

Ao analisar as palavras no dicionário encontrei o seguinte:

Answer: resposta; réplica; contestação; solução; resultado; retribuição.

Response: resposta; réplica.

Reply: resposta; réplica.

Bom, pelo que estou vendo, essa incursão ao dicionário não ajudou muito! Tentarei de outra maneira. Vamos lá:

Answer (substantivo e verbo): respondemos a uma pergunta, chamada ou apelação com uma *answer*.

Reply (substantivo e verbo): é usada quando se responde totalmente à pergunta ou alegação, cobrindo todo o assunto solicitado na questão. Esclarecendo um pouco mais: você pode *answer* a uma carta informando apenas que a recebeu, mas, se você *reply* à carta, tem que fornecer toda a informação solicitada, ou pelo menos mencionar os assuntos em questão. *Reply* é muitas vezes o equivalente de *answer back*, como se fosse "ecoar", "protestar".

Respond (verbo) e *response* (substantivo): prevalecem no uso em relação a *answer* e *reply* quando se referem a respostas de praxe ou fixas, como, por exemplo, aos suplícios (numa ladainha) ou às perguntas (num catecismo). Há uma sensação de rotina; é quase automático.

Relendo as minhas próprias palavras, não tenho certeza se esclareci bem a sua dúvida. Realmente, os termos são sinônimos no linguajar usado no dia-a-dia, sendo o uso de answer o mais comum. Tentarei mais alguns exemplos:

Answer: *I don't have all the answers, but I try* ("Não tenho todas as respostas, mas tento"); *I find it difficult to answer your question* ("Acho difícil responder à sua pergunta").

Response: *The response to the appeal to the public was excellent* ("A resposta ao pedido do público foi excelente"); *The patient responded well to the treatment* ("O paciente respondeu bem ao tratamento").
Reply: *Michael's reply to Erick was the best he could do* ("A resposta de Michael ao pedido de Erick foi o melhor que ele pôde fazer"); *I wonder if Erick expected a reply to his e-mail to Michael?* ("Será que Erick esperava uma resposta do Michael ao seu *e-mail*?")

Para terminar, só posso lhe dizer quão aliviado estou ao perceber que você não incluiu na sua pergunta explicações sobre *rejoin, rejoinder, retort, query, inquiry, interrogation*. Aí, sim, você teria corrido o risco de nunca receber uma resposta minha!

Qual é o verbo mais apropriado para a expressão "entrar na universidade"? Encontrei *to enroll*, mas não tenho muita certeza, pois, pelo significado, parece algo mais relacionado com a vontade própria (por exemplo, "Eu vou entrar na universidade") do que "ser aceito" ou "passar", como acontece por aqui, quando você quer entrar na PUC ou na USP, por exemplo. Desculpe-me se o meu exemplo parece um pouco confuso, mas não encontrei outro.
Deu para entender, sim. *To enroll* significa "matricular". Podemos dizer simplesmente *to get in*: *Carol got into university at last.* Um pouco mais formal seria *enter*: *She entered school last year.*

Note que *school* é, muitas vezes, usado como "universidade".

Escrevendo uma redação sobre os meus planos de estudo, citei o seguinte: *After* june *[June] I want to go* for *[to the] USA or England* for *[to] study* all day. A minha professora corrigiu para *every day*. Expliquei então o contexto – que o meu estudo seria tão intenso a ponto de eu até "respirar" em inglês. Ela veio então com a resposta furada de que "a melhor expressão é *whole day* e não *all day*, pois poderia ser confundida com *every day*", segundo essa zinha. Bom, tendo firme a sua explicação sobre as duas expressões, quando deverei usar *whole day*? Estou louca para dar uma resposta a essa dita professora de nível intermediário.
Você poderia ter escrito o seguinte:
1. *All day* ("o dia inteiro").
2. *Every day* ("todos os dias").
3. *The whole day* ("o dia inteiro").

Creio que não seja muito arriscado afirmar que o "dia inteiro" ou o "dia todo" não significa "todos os dias", concorda comigo? Portanto, seria perfeito você ter dito *I want to go to the USA to study all day and every day* ("Quero ir para os Estados Unidos para estudar o dia inteiro, todos os dias"). *The whole day* e *all day* significam a mesma coisa. *The whole day* é apenas um pouco mais enfático que *all day*.

Espero ter ajudado e lhe desejo *good luck with your teacher*!

P.S. Se ela não comentou a respeito do seu uso equivocado das preposições e dos erros de gramática, agora eu comento (entre colchetes).

Um dos meus alunos é corretor imobiliário, e ele me perguntou como se diz "certidão negativa" em inglês. Infelizmente, não faço idéia de onde achar essa expressão.

Que tal *clean bill of credit*? Com certeza existe e soa correto. Não conheço um termo oficial, mas, ao mesmo tempo, posso imaginar que nem o seu aluno conheça. Preciso comprar um dicionário de termos legais (você também, pelo jeito). Portanto, vá em frente e impressione-o.

Também usamos informalmente *clean bill of health* para dizer que estamos em forma e gozamos de boa saúde e que o médico confirma isso. Por exemplo: *The doctor gave me a clean bill of health so now I can climb Mount Everest.*

Em tempo: faltei com a verdade naquela frase. O médico me limitou a escalar o pico de Jaraguá, aqui em São Paulo, mesmo.

Apenas por curiosidade, eu gostaria de saber o que significa NYSE, nome de um prédio localizado na The Wall Street, de Nova York.

NYSE significa *New York Stock Exchange* (Bolsa de Valores de Nova York). E note que o prédio está localizado *on Wall Street* e não *The Wall Street*. Não se usa o artigo *the*.

Nunca entendi a diferença entre *alone*, *by myself* e *on my own*. Pode me ajudar?

Sim. Aliás, tentarei fazer melhor. Pensando na sua pergunta, escrevi o seguinte texto: *I'm alone, on my own and, even worse, by myself* ("Estou sozinho, sozinho e, o que é pior, sozinho"). Espero que lhe atenda.

Tempos atrás, perguntaram-me se existia diferença entre *by myself*, *on my own* e *alone*. Já que fazia algum tempo que eu não via a pessoa que fez a pergunta, coloquei-a em banho-maria (a pergunta, não a pessoa) e me dediquei a outros assuntos, digamos, mais imediatos.

Só que há certas questões que não deixam a gente em paz, pois acabei de receber um *e-mail* de uma leitora que quer saber exatamente a mesma coisa. Então, acho que chegou a hora de arregaçar as mangas e tentar responder.

A propósito, passou pela sua cabeça fazer a pergunta: "Como é que se diz 'banho-maria' em inglês?" Se passou, aí vai. A gente diz *on the back burner*: *Put it on the back burner.* Quando se lembra que *back burner* é o queimador do fogão que fica na parte de trás (a propósito, faço uma confusão danada com esse "trás" e o "traz" com z, do verbo "trazer").

Bom, voltando... Deu para perceber que estou fugindo do assunto? E sabe por quê? Porque é um pouco difícil de responder, claro. Mas juro que vou parar de enrolar e fazer um esforço, já.

Começando com *by myself.* Essa expressão tem dois sentidos. Pode significar:

1. Sozinho, sem alguém, sem companhia.
2. Sem ajuda.

Veja os exemplos:

1. *I often like to spend time by myself* ("Muitas vezes, gosto de ficar sozinho").
2. *No, thanks. I don't need any help. I can do it by myself* ("Não, obrigado. Não preciso de ajuda. Eu me viro sozinho").

Obviamente, o que interessa para nós é a primeira situação. Se eu disser *I often like to spend time alone*, estarei expressando exatamente a mesma coisa. *Alone* e *by myself* são sinônimos aqui, e ambos são comuns – o uso de um e outro deve ser *fifty-fifty* em termos de freqüência.

E como é que fica *on my own*? Vamos ver o que acontece com a mesma frase. *I like to spend time on my own*. Mudou alguma coisa? Acho que não. Posso dizer *I like to spend time by myself/on my own/alone* sem alterar o sentido. Logo, concluo que as três expressões significam a mesma coisa. São intercambiáveis. (Só que a freqüência agora cai para *thirty-three, thirty-three* e *thirty-three...*)

E aí está a resposta. Ufa! Que alívio! Não foi tão difícil quanto eu imaginava. Aliás, permita-me compartilhar um pequeno segredo: só tive certeza de que conseguiria escrever esse texto depois que o terminei, pois eu mesmo estava em dúvida.

Não entendo por que enrolei tanto. *Next question please!*

Sem querer abusar muito da sua boa vontade (mas já abusando), você poderia me dizer como se diz "ficar" (duas pessoas que estão juntas, mas não namoram)? Já me perguntaram muitas vezes, e não sei o que dizer. Afinal, *She's staying with John* parece um pouco estranho, não?

Em primeiro lugar, devemos evitar a tentação de traduzir o "ficar", nesse sentido de "quase namorar", por *stay*. Com *stay*, você estaria dizendo que a pessoa está hospedada com outra, o que não é o caso.

É muito comum o professor de inglês ouvir essa pergunta (se você é, tenho certeza de que já ouviu a mesma indagação dos seus alunos). E qual seria a resposta? Eu mesmo gostaria de saber, pois até hoje não consegui uma que me atendesse e, claro, que atendesse aos meus alunos.

Há algum tempo, recebi dois *e-mails* que mostravam a mesma curiosidade e resolvi enfrentar a situação de uma vez por todas, em lugar de fugir da responsabilidade. Sim, considero que a minha responsabilidade seja esclarecer esse tipo de dúvida. Afinal, não me coloco como alguém que tem a missão de ajudar o aluno brasileiro no seu aprendizado do inglês? ("Michael, pare de enrolar e dê a resposta logo", posso ouvir você dizendo.)

OK, OK. Acontece que, antes de entrar no assunto, preciso ver se entendo bem o que queremos dizer com "ficar" nesse contexto. Diz-se que os jovens "ficam" uns com os outros. Não chegam a namorar, não existe compromisso além daquele momento ou noite, mas pode haver demonstrações de interesse, afeto e beijos. Isso é "ficar". Não me parece que sexo esteja incluído nesse "ficar" (ou será que estou ficando velho?).

E como descrevemos isso em inglês? Uma situação similar é *to hang out together*. Mas há diferenças. *Hang out* é no sentido de ficar (sem aspas) com uma pessoa ou pessoas. É praticamente "estar" junto. Pode ser uma companhia regular, e até com mais de uma pessoa. Bom, ainda não é esse o caso... Descartado, então.

Temos ainda *to be with someone* ("estar com alguém"). Hummm... Um pouco mais próximo? Só que essa situação é muito ampla e pode descrever desde um simples contato para um café ou hambúrguer até um namoro de verdade, um caso de amor e paixão. Muito vago para os nossos propósitos.

O meu dicionário até se esforça bastante para ajudar, aproximando "ficar" de *to neck*. Mas o verbo *to neck* significa "trocar beijos e carícias". Íntimo, porém não muito. Afinal, como os nossos *necks* (pescoços) normalmente ficam na região acima dos ombros e abaixo da cabeça – pelo menos o meu fica por aí –, a prática de *necking* é por definição restrita, não podendo incluir outras regiões mais exóticas ou erógenas. E nada é implícito no "ficar", nem quanto à duração nem quanto à sinceridade do momento (nem em *necking*, para falar a verdade). É interessante notar que tanto "ficar" quanto *necking* são praticados tradicionalmente pelos mais jovens. Mas, ainda que eu não seja tão jovem assim, sinto-me bastante... "tradicional"! E olhe lá, gente, posso assegurar que *necking* é ótimo. Nunca "fiquei" com alguém, mas deve ter os seus atrativos, imagino eu. Afinal, fui e sou fã incondicional de *necking*.

E, agora, voltando à dúvida inicial. Tenho uma resposta? Lamento, mas não tenho agora como nunca tive antes. A única maneira de eu esclarecer a dúvida é, com a publicação deste livro, aguardar que um gentil e sábio leitor me escreva com a solução.

Por falta de opção melhor, acho que devemos apenas dizer que *the couple are talking to each other, holding hands, kissing each other* (repare que é *kissing each other*, e não *kissing themselves*; *kissing each other* significa que cada um está beijando o outro; se fosse *kissing themselves*, cada um estaria beijando a si mesmo) e fazendo tudo o que um casal jovem faz quando está se conhecendo.

A minha sugestão final é: vamos deixar de ser indiscretos, deixando-os a sós e à vontade.

Vou explorará-lo mais um pouquinho, tá? Qual a diferença entre *mourning* e *wailing*? E entre *problem* e *trouble*?

Mourning é um sentimento. Quer dizer "sentir e expressar tristeza"; "lamentação por algo que se foi"; "prantear", especialmente quando se está de luto. O ser humano pode emitir um som parecido com o do choro quando está *mourning*. *Mourning*, aliás, tem a mesma pronúncia de *morning* – o que me lembra uma ótima piada. Não resisto, vou contá-la.

Depois que a princesa Diana morreu, o príncipe Charles estava levando o cachorro para passear quando cruzou com um cidadão londrino que lhe disse: *"Morning"*. Ao que Charles respondeu: *"No, just taking the dog for a walk"*. Riu?

Já *wailing* é um som produzido por vários motivos, inclusive lamúria, lamentação, gritos, prantos. Também reproduz o som de uma sirene de carro de polícia, ambulância ou caminhão de bombeiros. *The sound of wailing guitars*. Guitarras de *rock 'n' roll*, também, muitas vezes produzem *a wailing sound*. Entendeu?

Quanto a *problem* e *trouble*, bom, *trouble* é usado mais para "transtorno"; "dificuldade(s)"; "aborrecimento"; "distúrbio"; "encrenca". É mais específico que *problem*.

Gramaticalmente, *trouble* é substantivo incontável, e *problem*, contável. Como em português: "'Eu tenho um pobrema'. 'Um, não. No mínimo, dois'". Bom exemplo para a compreensão de *trouble* é a frase *After nine-eleven, the US administration is much more alert to trouble* ("Após os ataques de 11 de setembro, o governo americano está muito mais atento a problemas").

Recentemente, fiz uma entrevista em inglês e, graças a Deus, me saí muito bem. Só que agora preciso negociar salário, benefícios, plano de carreira, essas coisas, com um americano, e não sei como fazê-lo. Por exemplo: salário é *salary* ou *wage*? Benefícios são *benefits*? Plano de carreira é *career plan*?

Good news... Quanto às suas dúvidas: *salary* é mesmo a palavra adequada (lembrando que ele, normalmente, é tratado em *dollars*, *pounds* etc. *per year*). *Fringe benefits* é o termo correto para "benefícios". E, finalmente, *career plan* parece-me adequado.

Good luck!

A palavra *notorious* tem duplo significado? Conferi no dicionário e encontrei "notório", "público" e, também, "de má reputacão". Como usar essa palavra e distinguir seus significados? Você poderia me dar alguns exemplos?

Notorious normalmente é uma palavra usada com sentido negativo, mesmo. Ou seja, retrata alguém que é muito conhecido por motivos negativos.

Em poucas palavras: é a versão negativa de *famous*. Por exemplo: *Al Capone, the notorious gangster*; *Some politicians are notorious for not explaining the source of their wealth*. Um sinônimo seria *infamous*.

Escrevo-lhe para tirar dúvidas sobre vocabulário relativo às partes do boi. No restaurante em que trabalho, eles querem fazer uma tabela de preços da carne em inglês, a fim de atender aos turistas estrangeiros que visitam a região. Por morar no Brasil já há mais de 30 anos, você sabe que temos nomes específicos, como, por exemplo, alcatra, filé-mignon, patinho, lagarto, contrafilé, maminha, chã-de-dentro e chã-de-fora. Quais são os nomes correspondentes em inglês? Procurei exaustivamente em dicionários, mas obtive pouco sucesso. Você poderia me ajudar? Se possível, indique-me endereços na Internet em que eu possa achar a gravura de um boi dividido em partes.

Alcatra: *rump steak*.
Filé-mignon: *filet steak/tenderloin*
Lagarto: *eye-of-round*.
Contrafilé: *sirloin*.
Maminha: *thick flank*.

Quanto a chã-de-dentro e chã-de-fora, confesso que nunca ouvi falar disso – e olhe que trabalhei seis anos em frigorífico. Tampouco encontrei coisa alguma nos meus dicionários. Para poder lhe indicar endereços na Internet, peço-lhe umas dicas de onde achá-los, pois, quando trabalhei seis anos em frigorífico, não havia Internet...

WHY ENGLISH IS SIMPLER THAN PORTUGUESE

Part VIII – Letters (Letras)

O alfabeto inglês tem 26 letras, e o português, apenas 23, sendo excluídas as letras *k*, *w* e *y*. Certo? Sim, mas com as exceções referentes aos nomes próprios, aos seus derivados e às siglas científicas de uso internacional, entre outros usos. O meu *Aurélio* cita (cite?) dez exceções. Como é que se chama uma regra com dez exceções? Ainda é regra?

Gostaria de saber como se diz "terceirização" em inglês. Pode me dar um exemplo?

A palavra é *outsourcing*. *The company outsources its security and catering services* ("A empresa terceiriza os serviços de segurança e alimentação").

Interessante observar a diferença entre *security* e *safety*. Basicamente, *safety* trata da segurança física de pessoas, ao passo que *security* trata de bens materiais.

Por gentileza, como se diz "deficiente auditivo" em inglês?

O quê? Não estou ouvindo! Pode falar mais alto? Brincadeira de mau gosto, tá? Também, pudera. Sou inglês, esqueceu?

Deficiente auditivo é *hearing impaired*. *He is hearing impaired and can't hear you very well; you'll have to speak up* ("Ele é deficiente auditivo e não consegue ouvi-lo muito bem; você terá que falar mais alto").

Repare que *speak up* (igualzinho ao nome da revista) quer dizer "falar mais alto".

Um dia desses, estava conversando em inglês com minha esposa e quis dizer que a lâmpada de nossa cozinha estava queimada, mas fiquei em dúvida, pois, uma vez que a lâmpada não havia sido exposta ao fogo, achei que *burnt* não seria apropriado e que, possivelmente, eu acabaria falando inglês traduzido do português. Usei então *out of order*, mas não tenho certeza de que está certo.

Você estava no caminho certo... Dizemos *the lamp is burnt out*, mas nunca apenas *burnt*, a não ser que a lâmpada tenha ficado queimada por causa de um incêndio.

Mas esqueça *out of order*, que é usado para algo que funciona, mas que quebrou por algum motivo. Lembre-se de que uma lâmpada não "funciona" na acepção do termo, pois não há nela uma engrenagem, nem um mecanismo com peças que possam ser substituídas ou recondicionadas.

Tenho dúvidas em relação à expressão *having a pee*. Ela está correta? Não seria *having a piss*? Outra questão se refere ao termo "atitude": deve-se usar *mood* ou *posture*?

Having a pee e *having a piss* significam a mesma coisa – só que *piss* é uma palavra mais forte, vulgar, um palavrão, e *pee* é mais aceitável socialmente. É como em português: "mijar" e "fazer xixi".

Quanto à tradução para "atitude", no meu livro anterior (*Como* Não *Aprender Inglês*), optei por usar *attitude* (na seção "Attitudes"). Sinto que essa palavra expressa muito bem, e melhor, as mensagens que quero transmitir aos meus leitores.

Mood jamais seria aplicável. Afinal, significa "ânimo", "humor", "disposição". Nada a ver com a orientação que tento passar aos estudantes de inglês.

Posture, talvez. Mas prefiro *attitude* e gosto dessa palavra.

Como se diz em inglês "trigêmeos", "quadrigêmeos" etc.?

"Trigêmeos" é *triplets*; "quadrigêmeos", *quadruplets*. Você não perguntou, mas vou dizer: "gêmeos" é *twins*. Lembra-se das torres gêmeas do WTC (World Trade Center), *The Twin Towers*, que Osama e sua turma destruíram? Além das torres, uma vítima foi a capa do meu primeiro livro, que as tinha em evidência.

No seu livro, você se referiu à denominação "parentes", em geral, como *relatives* ou *relations*, em vez de *parents*. Recentemente, discuti essa questão entre os meus amigos de trabalho, e eles me disseram que *relation* é mais usado que *relative*. O que você pode me dizer?

De fato, o mais importante é evitar a armadilha de traduzir *parents* como "parentes". *Parents* são "pais", e ponto final.

Quanto à freqüência do uso de *relatives* ou *relations* para descrever "parentes", eu tenho a dizer que *relatives* talvez seja mais comum, mas não disponho de provas que confirmem isso.

É só uma questão de *feeling*. *My feeling*, no caso.

Como é que se diz "dívidas" ou "prestações" em inglês?

"Prestações" são *installments* ou, simplesmente, *payments*. *I bought my car in 24 installments* ("Comprei o meu carro em 24 prestações").

Não resisto, vou lhe puxar a orelha. Até mesmo no meu menor dicionário inglês-português, consta "prestações" como *installments* ou *payments*. E ele não custou uma fábula. Posso até correr o risco de parecer um "inglês chato", mas tenha em mente o seguinte: o melhor jeito de aprender (qualquer coisa) é sendo curioso.

Interessante é que, na Inglaterra (não sei se nos Estados Unidos usam o termo), as prestações a perder de vista são conhecidas como *the never-never*. *I bought a new car on the never-never* (você entendeu *never-never*, não entendeu?). *Nunca-nunca*, pois parece que nunca termina de pagar. Também na Inglaterra, o plano é conhecido como *hire-purchase* (literalmente, "alugar e comprar").

Leciono inglês para dois alunos: um é chapeador, e o outro é serigrafista. Como dizer os nomes essas profissões em inglês? Está certo *welder* e *silk screen printer*? Tenho mais dúvidas... Como eu digo "Já estou grávida de *x* meses"? Como perguntar de quantos meses alguém está grávida?

Procurei no meu dicionário e não achei "chapeador". *Silk screen printer* parece-me OK.

Vou dizer o que acho de *welder*: para mim, é "soldador", mas é verdade que cada área tem as suas especialidades, os seus jargões.

Agora, se quer mesmo saber, penso que são os seus alunos que deveriam ir à luta para descobrir qual a denominação precisa e correta para as suas próprias funções, em vez de ficarem perguntando à professora. Afinal, eles é que são os principais interessados, não? (Epa, segunda crise de mau humor em duas perguntas... Vou maneirar...)

Quanto à sua gravidez, em primeiro lugar quero lhe dar os meus parabéns! Se estiver com cinco meses, por exemplo, pode dizer: *I'm five months pregnant*; *I'm in my/the fifth month*; *I'm five months gone*; *I have four months to go*; *I'm expecting in four months/in February* (por exemplo); *The baby is due in four months (time)*; *I'm due in four months*; *The baby is due in February*. Pronto, já dá para você contar a novidade para muita gente sem repetir nenhuma vez!

Quanto à maneira de perguntar, seria: *When are you expecting (for)?*; *When is the baby due?*; *When are you due?*.

Um grande abraço e tudo de bom para você e o seu bebê.

A palavra *motto* é uma contração?

Não. *Motto* não é contração; tampouco é "motocicleta". *Motto* é "lema", "mote", como nos exemplos: *"Keep it simple" is my motto* ("'Mantenha as coisas simples' é o meu lema"); *The boy scout's motto is "Be prepared"* ("O lema dos escoteiros é 'Sempre alerta'").

Você poderia me informar como se diz "razão social" e "nome fantasia" de uma empresa?

"Razão social" é *company* ou *company name*. Para "nome/marca fantasia", usamos *trade* ou *trading name*. Mas, se quiser explicar, poderia dizer *Name by which it is known*, ou *Goes under the name of...* Para produto, usa-se também *registered trade mark*.

Como seria "lúdico" em inglês? Para nossa surpresa, não encontramos a palavra em nossos dicionários.

"Lúdico" só pode ser *playful*. *The children's playful attitude was a delight to see* ("A atitude lúdica das crianças era gostosa de observar").

Há algum tempo, ocorreu aquela falha no sistema de distribuição de energia elétrica. Como acontece nesses casos, a imprensa e todos nós dizemos que ocorreu um blecaute, embora muitos jornais escrevam *blackout* mesmo. Pesquisando em dicionários, vi que a palavra *blackout* era usada em épocas de guerra, quando a população fechava as cortinas de casa para que a cidade não ficasse iluminada, evitando, portanto, bombardeios de aviões. A minha dúvida é a seguinte: o uso dessa palavra no nosso idioma está errado? O correto não seria, por exemplo, *electricity failure*? Ou a palavra *blackout* pode ser usada com o sentido de "apagão"?

Não vejo problema algum em usar a adaptação do inglês *blackout* para blecaute, nem em usá-la com o sentido coloquial de "apagão". Pode-se, ainda, dizer *power failure*, *power cut* ou *power outage*.

O termo *electricity failure*, embora bem descritivo, não existe.

Por favor, como se diz "passagem de ida e volta" em inglês?

A tradução mais aceita para "passagem de ida e volta" é a *return ticket*. Uma passagem só de ida é *a single* (*ticket*). Por exemplo: *When I came to Brazil, I didn't have a return ticket* ("Quando vim para o Brasil, eu não tinha passagem de volta"). Outra situação para uso: *"I'd like a ticket to Brighton please." "Yes sir. Single or return?"*

Mudando um pouquinho de assunto, na Inglaterra você pode comprar passagem para crianças pela metade do preço normal (*half fare*). Uma vez, fui com o meu filho mais velho, então com mais ou menos oito anos de idade, e comprei duas passagens do aeroporto de Heathrow ao centro de Londres. Chegando em casa é que caiu a ficha. Poderia ter comprado *one and a half*! *Grrr!*

Como digo "adoçante" em inglês?

Muito simples. É *sweetener*. Um exemplo: *Do you use sweetener or sugar to sweeten your coffee* ("Você usa adoçante ou açúcar para adoçar o café")?

Engraçado... No meu dicionário inglês-português, o menorzinho, consta a palavra...

Qual o significado da palavra *meadowsweet*?

Meadowsweet pode ser qualquer uma de duas plantas indígenas da América do Norte: a *Spiraea alba* ou a *Spiraea latifolia*, que têm flores brancas em formato de guarda-chuva. Ou, ainda, qualquer uma dentre as várias ervas da espécie *Filipendula*, da família das rosas.

Acho que é interessante explicar a composição da palavra: *meadow* ("prado, campina") + *sweet* ("doce"). Então, quer dizer "doce prado", "campina doce"? Calma lá...

Sweet é o adjetivo, e, como você sabe (ou deveria saber), em inglês os adjetivos vêm antes do substantivo. E, nesse caso, afinal? *Meadowsweet* quer dizer "doce como o prado", e não puramente "prado doce".

Gostaria de saber como se diz "bolas" (estou falando daquelas duas que nós, homens, temos no meio das pernas) em inglês. Quero saber da gíria, não do nome científico, pois este está no dicionário. O companheiro das bolas eu sei: pode ser *dick*, *cock*... Não sei se há algum outro nome.

Os testículos são chamados de *balls*, *nuts*, *bollocks* e *goolies* (esses dois últimos, principalmente na Inglaterra). Além de *cock* e *dick*, *prick* é muito comum para descrever o companheiro.

Como é que se diz "galo", referindo-se ao calombo que fica na testa da pessoa quando ela cai e se machuca?

Nem me venha com *cock*, hein? Pois, além do uso citado acima, *cock* também é "galo", o bicho. "Galo", no sentido de pancada, batida, é apenas *a bump (sometimes lump) on the head*. Por exemplo: *Mummy, Johnny threw a stone at me! Look at my head!* (""Manhêêê! O Joãozinho jogou uma pedra em mim! Olhe a minha cabeça!"). *Don't worry, dear; it's only a bump* ("Não se preocupe, querida[o]; é apenas um galo").

Ficarei muito agradecida se você puder tirar as seguintes dúvidas: 1. Diferença entre *roast* e *bake*. 2. Diferença entre *lecture* e *speech*. 3. Por que o T de *T-shirt* é sempre maiúsculo?) 4. Diferença entre *gift* e *present*. 4. Como se diz "ficar em cima do muro", no sentido de "não tomar partido"?

1. *Roast* é feito, normalmente, com o caldo da carne; já *bake* é bem mais sequinho.
2. É a mesma diferença que se observa em português: "palestra" e "discurso".
3. Convencionou-se assim.
4. São sinônimos, não há diferença expressiva.
5. *To be* (ou *sit*) *on the fence*. A única diferença é que muda de "muro" para "cerca". Menos confortável, sou obrigado a concordar...

Como professora, tenho recebido dos meus alunos perguntas que você nem imagina. Só que, desta vez, está difícil. Antes de lhe perguntar, consultei vários dicionários, mas não encontrei a resposta em nenhum. É o seguinte: como se diz "vesícula" em inglês?

Sei que essas perguntas muitas vezes deixam a gente de cabelos em pé. E, ainda por cima, os alunos acham que o professor é meio retardado se não sabe responder na hora, não é mesmo? Sei como é, mas, por via das dúvidas, primeiro procurei no meu dicionário e... também nada. Então, fui para o inglês-português e confirmei: "vesícula biliar" é *gall bladder. Gall* é "fel" ou "bile". *Bladder*, apenas, é "bexiga". Mas *gall bladder* nada tem a ver com a bexiga.

Nessas horas, sempre me pergunto se o aluno não está precisando de umas aulas sobre como usar o dicionário. Tudo bem, "vesícula" talvez não seja tão simples assim de achar – afinal, você disse que procurou. Mas e os outros casos? E por que ele, aluno, não buscou o significado?

Eis uma sugestão: da próxima vez, quando receber uma pergunta dessas, empurre o dicionário para as mãos do aluno e vá tomar um café.

Como se diz "farmácia de manipulação" em inglês?

Pelo menos na Inglaterra, a farmácia (chamada lá de *chemist's, chemist* ou *chemist's shop*), além de vender *prescription drugs*, exerce paralelamente o papel de farmácia de manipulação.

Nos Estados Unidos, o processo é similar nas *pharmacies*, ou *drugstores*, ou *medical supply stores*.

Sou membro da Cipa (comissão interna de prevenção de acidentes) na empresa em que trabalho. Atualmente, estou desenvolvendo um trabalho em inglês e não encontro, em lugar algum, esse termo. Existe Cipa em algum país de língua inglesa? Se existe, qual é a forma usada para descrevê-la?
Creio que não há nas empresas americanas e inglesas uma entidade formal com o mesmo sentido. Ou, pelo menos, desconheço algo do gênero. O que existe se pode chamar assim: *safety commission*; *commission for work safety*; *work health commission*; *health and welfare*.

Commission pode, ainda, ser substituído por *group*, *council* ou *committee*.

WHY ENGLISH IS SIMPLER THAN PORTUGUESE

Part IX – A Maioria
Sei que a regra estipula que tanto "a maioria" quanto "a minoria" levam o verbo na forma singular: "a maioria é", "uma minoria queria", e assim vai. Mas, se uma maioria significa a mesma coisa que significa em inglês, então para ter maioria é preciso um mínimo de dois. Pois uma maioria de três é dois. Plural, portanto. *The majority* are *in favour*. Pela lógica da língua inglesa, a maioria – por ser composta de número maior que um – leva plural. No português, não. Será que devo perguntar qual é o raciocínio mais lógico e simples?

O excelente *Practical English Usage*, de Michael Swan (Oxford University Press), limita-se a três míseras linhas para tratar do assunto, e diz que *the majority of* é "quase sempre" usado com o verbo no plural, dando como exemplo *The majority of criminals* are *non-violent*. E fim de papo.

Ora, se Michael Swan, um dos mais renomados gramáticos da língua inglesa na atualidade, não se digna a dedicar ao assunto mais que três linhas, por que devo eu me atrever? *Majority* é, para quase todos os efeitos, plural em inglês. E nada mais lógico do que isso, na minha opinião.

Como é que se diz "babaca" em inglês?
"Babaca" seria *jerk* ou *dick head*, para citar apenas dois nomes sem muita vulgaridade.

Como posso dizer "bula de remédio"?

Algumas empresas dizem *drug leaflet*. Pode ser também *printed directions for the use of medicine*. Outra opção é *drug description leaflet*.

Parece-me que a indústria farmacêutica ainda não chegou a um consenso. (E olhe que trabalhei por doze anos nessa indústria e não sei isso com certeza. Que vergonha!) Comentários serão bem-vindos.

Qual a diferença no uso de *motor*, *engine* e *power plant*? Quando se usa *speed* e *velocity*? No dicionário, percebo que os significados são um pouco diferentes, mas isso é insuficiente para saber como usá-los no dia-a-dia. Infelizmente, não estou conseguindo discernir essas sutilezas semânticas. Gostaria também de saber como se pronuncia *helicopter*. Já vi vários americanos dizerem essa palavra, mas parece haver algumas variações. Qual a forma correta, pelo menos do seu ponto de vista, na Inglaterra?

Primeiro, vamos ver a diferença entre *engine*, *motor* e *power plant*. De cara, é importante dizer que pensamos em *engine* principalmente como "motor que trabalha com combustível" e que utilizamos *motor* mais para "motor elétrico". Mas as distinções estão apenas começando.

Engine é o que converte energia em força mecânica ou movimento. Devido ao fato de usar combustível, um dispositivo assim é classificado diferentemente de um motor elétrico ou de uma máquina que trabalhe por impulsão (ou por meios hidráulicos).

Motor é algo como uma máquina que produz ou causa movimento. É também um dispositivo que converte qualquer forma de energia em energia mecânica, especialmente se for um motor de combustão interna, ou um arranjo de bobinas e imãs que converte corrente elétrica em força mecânica.

Temos de admitir que, para o leigo, a distinção pode parecer mínima, mas é bom lembrar que o contexto normalmente se encarregará da diferença. Para não deixar margem de dúvida, é muito comum nos referirmos a *electric motor* ou a *internal combustion engine*.

Power plant é, simplesmente, algo que produz energia. Abrange todo o equipamento que constitui uma fonte de energia unitária. Pode ser um motor de veículo, uma hidroelétrica, uma termoelétrica ou uma usina nuclear.

Quanto às diferenças semânticas entre *speed* e *velocity*, tenho a dizer que, para o leigo, são praticamente palavras sinônimas. Para a física, no entanto, *speed* é a taxa ou medida da taxa do movimento, especialmente no que se refere à distância percorrida dividida pelo tempo de deslocamento. É também a magnitude de uma velocidade. Já *velocity* é definida como uma quantidade-vetor cuja magnitude é a velocidade (*speed*) e cuja direção é a direção do corpo em movimento. É também a taxa da velocidade da ação ou ocorrência.

Agora, sabe de uma coisa? Chega! Estou ficando confuso, mas quero crer que essas explicações tenham ajudado. Por fim, saiba que *speed* é a palavra mais simples e corriqueira, ao passo que *velocity* está mais para o lado científico (mas só um pouco, viu?).

Para terminar de responder às suas perguntas, os pontos de vista "da rainha" e dos Estados Unidos são os mesmos. *Helicopter* se pronuncia */ré-li-kóp-ta/*. Mas é muito comum chamá-lo de *chopper*. E de *whirly bird*. (Pode ter sido por isso que você ouviu pronúncias diferentes.)

Como é que os seus conterrâneos chamam o nosso "aparelho de correção" nos dentes?

O aparelho se chama *braces*, quase sempre no plural. *You need to have braces fitted* ("Você precisa colocar aparelho"). Interessante é que, na Inglaterra, *braces* é também "suspensórios", aqueles que mantêm as calças levantadas. Nos Estados Unidos, "suspensórios" é *suspenders*, mesmo.

Gostaria de saber como se diz "prazo de validade" em inglês. Refiro-me ao que encontramos nas embalagens dos produtos em supermercados e similares.

Algumas opções são *valid to*; *valid until*; *valid up to*; *valid through*; *good till*; *good through*; *good thru*; *expires on*; *expiry date*; *expires by*.

O que é uma *produce store*? E como o nosso famoso "Volte sempre", estampado nas lojas, pode ser dito em inglês? Seria *Please, come back*?

Produce, como substantivo, refere-se a qualquer produto. O proprietário é quem determina o que irá vender. Mas, normalmente, são produtos comestíveis, frutas, legumes, enlatados em geral. Se fosse tempos atrás, eu teria dito que *produce store* seria o mesmo que "secos e molhados", mas faz tempo que não vejo uma placa assim por aqui...

"Volte sempre" poderia ser traduzido por *Thank you for your custom/ business*. Mesmo que fosse *Please come back*, seria assim, sem vírgula. Mas não é usual.

Falar sobre isso me fez lembrar uma tradução que um colega americano e eu estávamos fazendo juntos. Surgiu a expressão *Thank you for your business*.

Ficamos um tempão tentando identificar uma equivalência em português. Um olhando para a cara do outro. Tentamos um monte de alternativas... e nada! De repente, caiu a ficha! "Agradecemos a preferência!", gritei.

Essas coisas tão óbvias às vezes se escondem.

No caso de pessoas de origem inglesa e americana que possuem sobrenome com a abreviatura Jr. – como, por exemplo, William D. Callister, Jr. –, essa abreviatura significa o mesmo "Júnior" que usamos nos nossos nomes?

Sim, você acertou. Jr. é abreviatura de *Junior*, para indicar que o filho (o Jr.) tem o mesmo nome do pai. Aliás, é por isso mesmo que se usa "Júnior" por aqui: vem da língua inglesa.

Interessante é que, nessa situação, os americanos também usam *the First, the Second* etc., imitando a realeza. Pessoalmente, acho isso um costume um pouco... digamos... pretensioso. Mas é apenas a opinião de um inglês.

No Brasil, se um homem se chama Paulo Antonio de Paula, então seu filho poderia ser Paulo Antonio de Paula Filho. Em inglês, há um equivalente para "Filho"?

Apenas Jr. Às vezes, nos Estados Unidos, ele se chamaria Paulo Antonio de Paula the Second. Como um rei. Cafona, não?

Aqui vão outras dúvidas que foram surgindo. Como dizemos em inglês: 1. "Fogão a lenha". 2. "Alimento transgênico". 3. "Cisco no olho". 4. "Pessoa imediatista". 5. "Pessoa física" e "pessoa jurídica". 6. "Microempresa". Obrigado!

1. *Wood stove/wood burning stove.*
2. *Genetically modified (food)*, conhecido como *GM*; também *transgenic*.
3. *Something in the eye/a speck in your eye.*
4. *An impatient person*. Não há palavra específica. Aliás, pensando bem, não há também em português.
5. *Person/party/individual* e *company/corporation.*
6. *Small business.*

P.S. Cara leitora, as três primeiras traduções constam do meu dicionário. Deveriam constar do seu...

Como se diz "enxoval"? E "seção de cama, mesa e banho", numa loja?

O meu dicionário me dá "enxoval" como *trousseau* ou *a bride's outfit of clothes*. Para "roupa de cama", encontro *linen/bed linen/bedding*, termos que também servem para as seções que menciona.

E você, o que encontrou no seu dicionário?

Fiquei pensando: como se diz ONG em inglês? Como precisei verter uma carta que continha essa sigla e não encontrei nada no dicionário (e como a carta era urgente), simplesmente fiz a tradução literal. ONG virou NGO (*non-governmental organization*). Isso é correto? Ou é "português em inglês"?

Sim, acertou em cheio. *NGO* está certíssimo. Plural *NGOs*.

Como diria a expressão "grande sacada" em inglês?

"Grandes sacadas" podem ser *insights*. Aliás, veja que coisa engraçada: tenho a impressão de que *insight* é uma palavra que é mais comum em português do que, propriamente, em inglês – língua em que seu uso é mais formal, sendo reservado principalmente para a psicologia. *Revelations* é mais aplicável. *One of the best/greatest things I ever learned was...* seria uma boa tradução, também.

Na língua inglesa, como posso dizer que algo é "brega"? *Tasteless*? Tentei explicar para o meu professor, só que não conseguimos nos entender...

Não há nada que seja "brega" na Inglaterra ou nos Estados Unidos, e por isso é tão difícil traduzir... Brincadeirinha. Todos sabemos que não é bem assim...

Eu diria que *tasteless* é uma ótima opção, como também *in bad taste*. Sinceramente, não consegui entender por que o seu professor não entendeu *tasteless*. Quando se aplica exclusivamente a roupas, pode ser também *overdressed* e *badly dressed*. Tudo vai depender do motivo da breguice. Aí, pode-se dizer *out of date, old fashioned, corny* (mais para "piegas"). *Tacky* é ótimo, também.

Vamos ver se consigo criar alguns bons exemplos. *I thought that her brown dress was tasteless* ("Achei o vestido marrom dela bem brega"); *That TV show with Mérgio Sallandro is so tacky* ("Aquele show de TV com Mérgio Sallandro é tão brega"); *He still wears long underpants; how quaint and old-fashioned!* ("Ele ainda usa ceroulas; que brega e fora de moda!") Não, não consegui nada muito criativo. Então tá, por ora isso basta.

Por favor, esclareça se *unhip* e *uncool* também podem ser considerados pejorativos, como "algo ou alguém que não está com nada", ou se só têm o significado de "quadrado", "careta".

Eu diria que *uncool* e *unhip* têm o mesmo sentido de "quadrado", "por fora", "careta", "zé-mané" e similares... Acho que qualquer gíria que use *hip* hoje em dia corre o risco de ser considerada bem *uncool*.

Qual a tradução para "Spicks and Specks", que é o título de uma canção dos Bee Gees?

Spicks and specks são "partículas", "pedacinhos".

O que significa GTO?

GTO é um nome usado pelos fabricantes italianos de automóveis – dentre eles a Ferrari – e quer dizer *gran turismo omologato*. Significa que o automóvel em questão foi homologado como carro *grand touring*, para fins de corrida.

Mais tarde, a Pontiac "roubou" o nome, usando-o para uma sua banheira rápida, provavelmente porque parecia *sexy*.

Encontrei umas palavras que não entendi nem achei no dicionário. Aqui vão elas: 1. *Tax credits*. 2. *Tax code*. 3. *Sweet pork*. 4. *Sizzling soul (a kind of music)*. 5. *Liner copy (records or CDs)*.

Sem estar por dentro do contexto, é um pouco difícil ser mais preciso, especialmente para os três primeiros itens, mas entenda as palavras como sendo:

1. "Créditos (de impostos)".
2. "Código de impostos".
3. "Carne de porco adocicada" (provavelmente com algum molho doce).
4. *Soul music* (*sizzling*, similar a "quente", é uma palavra onomatopaica que reproduz o som de bife na frigideira, por exemplo).*
5. "Encarte com informações".

Como se diz "bicho-de-pé"?

Não faço a menor idéia. Vamos olhar no dicionário? O meu oferece as seguintes opções: *chigoe*; *chigger*; *jigger*; *sand flea*. Pelo menos não era *foot bug*...

Estava lendo um livro e não entendi as seguintes palavras: *thermopane window*; *cathedral ceiling*; *loft bedroom*; *wombat*. O que é que elas significam?

Os três primeiros termos são da arquitetura. *Thermopane* é uma janela com duas lâminas de vidro, para isolamento térmico. *Cathedral ceiling* é um teto

* Aposto que você fez "sshshshshsh".

(ou pé-direito) mais alto, parecido internamente com o de uma catedral. *Loft bedroom* é um quarto situado no sótão de uma edificação.

Já *wombat* não tem nada a ver com arquitetura. É um pequeno animal, natural da Austrália. A palavra também é usada pelos australianos para descrever alguém que consideram inferior ("idiota", "panaca", "babaca" etc.).

Como se diz "faturamento" em inglês, numa frase assim: "Precisamos aumentar o faturamento da nossa empresa"?

"Faturamento" pode ser *sales*; *revenues*; *billings*. A maneira mais simples de dizer o que você precisa é *We must increase our sales*.

Como se diz "torneiro mecânico", "frigorífico" e "retífica" em inglês?

"Torneiro mecânico" é *lathe operator* ou *turner*.

"Frigorífico" é *meat packing house; slaughter house*; ou *meat packing plant*.

"Retífica" é a *shop for repairing (or overhauling) engines*.

Gostaria de saber se existe, em inglês americano, um equivalente para a palavra "fresco" (como adjetivo), no sentido de uma pessoa que faz muitas exigências, é "cheia de nove horas".

"Cheio de frescura" – em que "frescura" é substantivo e "fresco" é adjetivo – seria, tanto em inglês americano como em inglês britânico, *fussy*; *picky*; *choosy*. Também se aplica para "cheio de nove horas"(Humm! Fazia tempo que não ouvia essa expressão... Como será que ela se originou?)

Maud is very fussy about her food: won't eat anything out of cans ("Maud é muita fresca a respeito de comida: não come nada enlatado"); *He isn't picky about food: just lives out of cans* ("Ele não é fresco; apenas come comida enlatada"); *If you're a beggar, you can't be choosy* ("Se você é mendigo, não pode ser fresco"). Adaptei essa última de uma frase comum, *Beggars can't be choosers*.

Um aluno me perguntou como se diz "viva-voz" em inglês. Fiquei sem resposta.

Speaker: *Put her on the speaker* ("Coloque-a no viva-voz").

Estava lendo as suas dicas e vi uma frase que me fez pensar. Minha professora era americana de Chicago, e uma vez, quando escrevi *When I was a kid*, ela riu e explicou que, dizendo assim, eu me referia a um animal, e que eu deveria ter dito *When I was young* ou *When I was a child*. O que você tem a dizer? É errado mesmo?

Ao consultar o meu *Cambridge Dictionary of American English* (*American English*, você ouviu bem), vejo que a palavra *kid* aparece primeiro como *a child, a young adult*. Apenas a segunda acepção do termo traz *a young goat* ("cabra/bode jovem"). Acho que a sua professora estava bem equivocada.

Será que ela chama os filhos de *goats*? A propósito, ela já voltou para Chicago? Sim? Já foi tarde...

Qual é a palavra que os americanos usam para "caipira"? Quero dizer, alguém com sotaque da zona rural.

Depende da região. Pode ser *backwoodsman*; *hillbilly*; *redneck*; *cracker*. São algumas opções, mas tome cuidado na hora de usá-las. E tome ainda mais cuidado, principalmente, onde as usa. Pode arranjar um *prrrrroblemão*.

WHY ENGLISH IS SIMPLER THAN PORTUGUESE

Part X – To Be (Ser e Estar)

A minha experiência tem mostrado que *to be* já desanimou muitos estudantes de inglês, desde os primeiros dias do ensino fundamental. O professor entra na sala e comunica aos pimpolhos: "*OK, children*, hoje vamos estudar inglês, começando com o verbo *to be*". Ato contínuo, escreve na lousa:

I am – you are – we are – they are – he is – she is – it is

Pronto! Com isso, uma tarefa (aparentemente) simples já deixou a maioria dos alunos boiando e os demais em pânico. *I* am *José*; *you* are *Maria*; *she* is *Joaquina* etc. Conseguiu, de uma tacada só, assustar os alunos de tal maneira que muitos jamais irão se recuperar e, possivelmente, sofrerão com o *to be* pelo resto da vida.

Mas, provavelmente, deixou de mencionar que *to be* é o verbo mais complexo da língua inglesa e, mesmo assim, tem apenas sete conjugações, a saber: *(I) am*; *(you) are*; *(we) are*; *(they) are*; *(he) is*; *(she) is*; *(it) is*. Mudando para o passado, temos *(I) was*; *(you/we/they) were*; voltando a *was* para *he/she/it*. Ao incluirmos *been* (*past participle*) e *being*, temos um total de... *tãtãtãtã*... sete formas. Difícil? Não acho. E você? Afinal de contas, são apenas sete. Ou oito, se incluirmos o *to be*, no infinitivo, com a sua partícula.

Agora, vamos olhar o equivalente em português: "ser". Para isso, vou consultar o meu velho *Novo Michaelis Ilustrado Português-Inglês – Volume II*, da

Melhoramentos. Novamente, encontro 36 conjugações. Mas não posso me esquecer de que temos também "estar". Mais 36!

Mas espere! Estou contando apenas as conjugações do indicativo. Ia me esquecendo do subjuntivo, abrangendo desde o presente "esteja" até o particípio "estado", fazendo um passeio pelo gerúndio "estando". São mais... contando... 16! Para tanto, temos um total de 36 + 16 = 52. Deixe-me voltar a "ser". Sim, mais 16 conjugações do subjuntivo. Novamente, 52!

Então, na minha simplicidade, comparo *to be* com os equivalentes em português, e o resultado desse jogo clássico do campeonato de lingüística portuguesa contra inglesa é 104 a 7!!! (Não gosto de abusar das exclamações, normalmente me contentando com uma apenas. Mas até eu sou forçado a admitir que sinto necessidade de entrar na onda de uma sociedade "multiexclamatória" com o resultado desse embate. 104 a 7!)

E *to be* confunde?!

Veja este exemplo, que li anos atrás, no livro *Texas*, de James A. Michener. Uma das personagens americanas dessa ficção histórica estava tendo dificuldades para aprender espanhol, principalmente na escolha correta entre os verbos "ser" e "estar".

Confidenciou a um colega que tinha achado um jeito de lidar com aquele eterno mistério. Nas segundas, terças e quartas-feiras, usava "ser" e as suas dezenas de conjugações. Às quintas, sextas e sábados, usava "estar". Aos domingos, fazia uma mistura, calculando que devia acertar 50% das vezes. Assim, matava a charada à sua própria maneira.

Posso simpatizar tanto com o dilema quanto com a solução. Ontem mesmo, peguei um folheto no supermercado, daqueles que pedem para você preencher para saberem se faltou algum produto (excelente iniciativa, por sinal), e lá estava: "Se você é cliente Mais, por favor, identifique-se". Pensei: "Se é cliente...?" Não deveria ser "Se for cliente..."?

Perguntei a duas pessoas, que disseram "Sim", seguido por... "Não". Ah! Tanto faz. As duas frases são (estão?) corretas. Depende... Depende do que você quer expressar. "A única coisa que querem é saber se você é ou não é cliente." Excelente esclarecimento. Eu nem poderia ter imaginado que era esse o propósito.

Como pode? Em inglês, é tudo tão simples. Usa-se *are* e acabou. *If you* are *a 'Mais' customer, please identify yourself.*

Como se diz "barriga de aluguel"?

Normalmente, *surrogate mother*.

Há alguma diferença entre *client* e *customer*? Qual é o termo mais formal? As duas palavras são usadas com o mesmo sentido, tanto na Inglaterra como nos Estados Unidos?

Quanto aos usos de *client/customer*, não há muita diferença. *Client* é talvez um pouco mais chique, ao passo que *customer* é mais genérico. *Client* é a palavra usada quando se trata de clientes de profissionais liberais – arquitetos, advogados, dentistas e outros.

Os dois países as usam da mesma maneira.

Qual a diferença entre *house* e *home*?

É a mesma que em português. Um lar (*home*) é abstrato. Uma casa (*house*) é palpável, física. Se quiser mandar perguntas mais... mais... desafiadoras... também pode contar comigo, tá?

The expression "I gotcha" I understood but "betcha by golly wow" I can't understand. What it would be (I don't understand what it means).

A expressão é apenas uma exclamação, equivalente a "Puxa vida!" (ou "Poxa vida!"); "Nossa!"; "E como!"; "Pois é mesmo!"; "Minha nossa!".

Não há nada especial na expressão em si.

O que significa *accounted for*? Li um texto que dizia o seguinte: *Luckily, all my friends are accounted for without injuries.*

Accounted for quer dizer que sabemos onde aquela pessoa está, sabemos o seu paradeiro, sabemos que os amigos não sumiram. "Felizmente, foram localizados todos os meus amigos, e eles nada sofreram."

How can I say dança do ventre?

Belly dancing. Aliás, interessante o uso da palavra *belly*. *Belly* é "estômago, barriga, ventre". *Belly ache*, substantivo, é "dor de barriga, cólica", mas *to belly ache*, verbo, significa "reclamar, choramingar, se lamuriar".

Belly é a opção informal para *stomach*. E *belly button* é o umbigo ("botão da barriga"). Quando aprendi a palavra "umbigo", juro que pensei que era "um bigo" (obviamente, a ser seguido por dois bigos, três bigos etc.).

Como se diz "franquia" (a dos seguros de automóveis, não o *franchising*)?

Diz-se *deductible* nos Estados Unidos e *excess on the policy* na Inglaterra: *My insurance company doesn't insist on me paying the deductible if my car is stolen* ("A minha seguradora não insiste em que eu pague a franquia em caso de roubo"); *According to my insurance policy, my deductible is R$ 600,00/ According to my insurance policy, I have an excess on it of R$ 600,00* ("De acordo com a apólice de seguro, a minha franquia é de 600 reais").

Qual o equivalente na Inglaterra e nos Estados Unidos para o nosso "Dia de Finados"?

Há o *All Souls' Day* (Dia de Todas as Almas), também a 2 de novembro. É um dia santo, segundo a *Roman Catholic Church*. Aproveitando, a pronúncia de catholic é */ká-thô-lik/*.

O que são *franks and beans*?

Franks são *frankfurters*, as salsichas de cachorro-quente. *Beans* é "feijão" (com molho de tomate). Os americanos gostam desse tipo de coisa misturado!

Well, there's no accounting for taste ("Gosto não se discute").

Como se diz @ em inglês? E o simbolo #, que vem antes de números?

O @ é *at*. O # é *number*. E em português? Como é #? "Cerquinha?"

O que é *double Dutch*? Sei que é uma brincadeira de crianças, mas como é jogado?

Double dutch, ou *Dutch*, é uma brincadeira comum nos Estados Unidos, em que se pula corda usando duas cordas. Duas cordas... difícil, hein?

Na Inglaterra, o significado é outro: "fala incompreensível", sinônimo de *gibberish*. Por exemplo: *To most English people, Welsh sounds like double Dutch* ("Para a maioria dos ingleses, o idioma galês parece ininteligível").

Como é "puxa-saco" em inglês?

Bajuladores estão por toda parte... *Apple polisher*; *ass kisser* (vulgar); *ass-hole crawler* (muito vulgar); *ball licker* (muito vulgar); *boot licker*; *brown noser* (vulgar); *cajoler* (talvez raramente usado hoje em dia); *crawler*; *lickspittle* (antiquado); *sucker up*; *toady*; *wheedler* (antiquado)...

Essas são as traduções que me vêm à lembrança no momento. Peço desculpas pela vulgaridade na minha resposta, mas, pudera, "puxa-saco" não é exatamente o ápice da língua culta. Concorda?

O que significa *posh*? E de onde se originou essa palavra?

Além de "requintado", *posh* significa "de alta classe, exclusivo, elegante". Mas também tem uma conotação de "esnobe".

Alguns dizem que *posh* é o acrônimo de "*port out, starboard home*" ("bombordo quando vai, estibordo quando retorna"). A expressão é uma referência às viagens de navio de ida e volta ao Oriente; a face norte era o lado do navio mais confortável e protegido do sol, fazendo com que as cabines ali fossem as mais procuradas.

Estive pensando como se diz "buraco" em inglês, não como furo (*hole*), mas como aquele jogo de baralho.

Acho que existem algumas diferenças entre buraco e canastra. No entanto, em inglês só temos essa última, e o nome é parecido: *canasta*.

Devo dizer *Rock is a* type *of music* ou *Rock is a* kind *of music*? A minha segunda pergunta é a respeito da loja K-Mart: em cima do nome, está escrito *SM*. O que significa?

Sim, você tanto pode dizer *type* como *kind*.

Quanto à abreviatura SM, nesse caso trata-se de *Service Mark*. Não confunda: SM também pode ser sadomasoquismo, mas para a K-Mart creio que realmente seja *Service Mark*. Não ficaria bem...

Uma vez um aluno me perguntou como se diz "churrascaria" em inglês. A única palavra que eu conhecia era *barbecue*, e não soube responder. Cheguei em casa e procurei em todos os meus dicionários, mas perdi o meu tempo sem nada ter achado. Pode me ajudar?

Eu chamo churrascaria de *steak house* ou *barbecue house*. Alguns, principalmente nos Estados Unidos, gostam de usar a sigla BBQ, mas isso seria lido como */bi-bi-kiu/* – e eu sinceramente nunca aceitei.

Não encontrei o que significa *tent cities*. É "cidade de tendas"?

Provavelmente, são "campos de refugiados".

Como é que se diz "carrocinha"? Estou me referindo àquela que é responsável pelo controle de cachorros abandonados das ruas.

"Carrocinha" é simplesmente *dog catcher*. O termo se aplica tanto aos homens que fazem o trabalho quanto ao veículo que recebe os bichinhos para depois levá-los ao *dog pound*, onde aguardarão o seu destino. Coitados.

Há tradução para "farofa"?

Eu traduzo "farofa" por... *manioc flour toasted in butter or olive oil/cooking oil, sometimes mixed with meat or eggs*. Mas você pode simplesmente dizer *manioc flour*, que nem é exatamente "farofa", mas apenas "farinha de mandioca".

Para falar a verdade, nem traduzo "farofa". Nunca foi necessário. A maioria dos gringos nem entenderia a que está se referindo, pois não saberiam o que é *manioc root*. Diriam */fárr-ó-fa/*, mesmo.

Há tradução possível para "casca-grossa"? Encontrei nos meus dicionarios *ill-mannered*. Continuando no mesmo assunto, *thick-skinned* tem o mesmo sentido de *the nerve of him*?

"Casca-grossa" seria *rude*; *coarse*; *unpolite*; *uneducated*; *uncouth*. As suas escolhas, *ill-mannered* e *having a nerve*, me parecem mais que adequadas para descrever esse tipo de pessoa.

Thick-skinned também é uma boa palavra para descrever alguém que não liga a mínima para o que as pessoas dizem ou pensam a seu respeito.

Preciso agradecer a dica de *the nerve of him*. Acho que eu não teria me lembrado dessa opção.

I'm a private English teacher and I have read your book, and I'd like to ask you some questions. Could you help me please? Do you know how I can say...

Uau! São muitas dúvidas dessa vez. Vou abrir uma exceção: deixarei dúvidas e respostas juntas. Ficará mais claro...

"Fazer uma simpatia": *cast a spell*.

"Guru": *guru* mesmo.

"Carteira de trabalho": *work permit*.

"Este esporte me dá muita adrenalina!": *This sport is packed with excitement/ adrenaline!*

"Pedir esmola": *to beg*.

Pode-se traduzir "guardar dinheiro" por *keep your money? Yes, and "save it" too*.

Qual é o nome do aparelho que ligamos para matar insetos? *Electrical insect repellent*.

"Serviço 24-horas": *24-hour service*.

"Estou ferrado!": *I'm done for!*

"Você é uma zolhuda" (*a person who wants whatever he/she looks at/sees*): *You are very greedy/envious*.

"Passar trote em alguém": *to pull a practical joke*; *to haze*.

"Armar uma pegadinha": *to catch someone out*.

"Fazer bico" (quando se está com ciúmes): *to pout*.

"Fazer bico" (trabalho): *to moonlight*; *to have a part/spare time job*.

Como se diz "fazer vaquinha" (quando todos contribuem com um pouco de dinheiro para comprar algo)?

Você pode dizer *to pass the hat (round)*; *to have a whip round*; *to make a kitty*; *to chip in*. Exemplo: *If you don't have the money to buy my book, may I suggest you have a whip round to get at least one copy? You can all chip in. Get a kitty together.*

Há em inglês expressões semelhantes a "maria-vai-com-as-outras" e "dedo-duro"? Como se diz?

Existem expressões equivalentes, sim. Para "maria-vai-com-as outras", usamos o verbo *to follow like sheep*.

"Dedo-duro" é mais complicado e depende do contexto. Em círculos criminosos, seria *stool pigeon*, *stoolie* ou *informer*. Num contexto infantil, teríamos *tell taler* e *tell-tale-tit*. *Tattler*, embora seja uma palavra que nunca mais ouvi desde que saí da Inglaterra, também se aplica. Aliás, lá pelos anos... esqueci a data (será que estou ficando velho?)... havia uma revista com esse nome.

Agora, talvez o mais comum, tanto como substantivo quanto como verbo, é *snitch*: *A snitch is always detested by his peers* ("Um dedo-duro é sempre odiado pelos seus pares"); *She would never win a popularity contest after snitching on her classmates* ("Ela nunca ganharia um concurso de popularidade após dedar suas colegas de classe"). Há ainda o mais prosaico *to tell on*: *If you don't tell on me, I'll buy you an ice cream* ("Se você não me dedar, eu te pago um sorvete").

Sou professora de inglês e, este ano, darei aulas num curso de secretariado executivo trilíngüe. Eu me dei conta de que não sei que nome dar a um curso assim em inglês... Pode me ajudar?

Que tal *trilingual executive secretarial course*?

Existe a expressão "livro de cabeceira" em inglês?

"Livro de cabeceira" é *bedtime reading* ou *a bedside book*. Fico muito lisonjeado quando leitores – aliás, leitoras – me escrevem dizendo que os meus livros ocupam o lugar de *bedside reading*. Nunca imaginei algo assim...

Please clear up my doubts: 1. Como se diz "nariz entupido" e "nariz escorrendo"? 2. Qual a diferença entre *vacuum cleaner* e *carpet swee-*

per? Seria "aspirador de pó" e "vassoura mágica"? 3. Posso traduzir _all you can eat_ como "rodízio"? 4. Como posso dizer "poderei", já que não posso usar _will can_? 5. Como posso dizer "no episódio de hoje?"? _In today's episode_, _today's episode_ ou _in the today's episode_? 6. Aprendi que não se usa _the_ antes de nomes próprios, mas normalmente vejo _The Coke_, por exemplo.

1. *My nose is blocked* e *My nose is running/I have a runny nose*.
2. *Vacuum cleaner* é "aspirador de pó". *Carpet sweeper*, também, mas pode ainda ser um aparelho mecânico, sem efeito de sucção.
3. Até onde sei, não há tradução direta para "rodízio". Pelo menos, nunca encontrei uma que fosse boa. Portanto, por mim, você pode dizer *an all-you-can-eat barbecue*.
4. "Poderei" é *I will be able*.
5. As opções *in today's episode* e *today's episode* estão corretas. Dizer *the today's episode* é muito estranho, e errado. Poderia ser *the episode today*.
6. Eu nunca encontrei *The Coke*. Onde você viu isso?

[Obs.: Estou aguardando o esclarecimento da leitora até hoje.]

I have a doubt. How can I say P.S. in English?

Como se diz "P.S." em inglês? *P.S.*, uai! *Postscript* vem do latim *post scriptum*.

Há diferença entre _rat_ e _mouse_? Notei que, em português, o sentido parece ser o mesmo, mas não tenho certeza.

Se você pensar que *rats* são nojentos, mas que *mice* (plural de *mouse*) podem ser engraçadinhos (*rats are disgusting, but mice are nice*, "ratos são nojentos, mas camundongos são simpáticos"), você vai começar a entender a diferença que há em inglês.

Rats são sujos, imundos, vivem nos esgotos, comem coisas podres e transmitem doenças. Por outro lado, *mice* são bichinhos engraçadinhos que vivem nos campos e que as crianças muitas vezes têm como *pets*. Também são menores. Mickey Mouse não é um *rat*; ele é um animalzinho simpático – *a mouse*, ou camundongo. Aliás, acho a palavra "camundongo" muito simpática, especialmente a parte final, "dongo". Parece "dengo".

Uns dias atrás, estávamos conversando sobre como escrever "organograma" em inglês. Alguns chutes eram _organogram_, _functional chart_ e _functional organization_. Poderia esclarecer essa questão?

"Organograma" é *organogram*, ou *organization chart*.

Gostaria de saber a diferença entre *trunk* e *chest*: qual significa "baú"? Odeio simples traduções, mas as explicações nos dicionários inglês-inglês não mostram a diferença. E alguns dicionários inglês-português dão as palavras como "baú" ou "arca". Qual é mesmo a diferença?

Por que você odeia traduções? Diferentemente de você, eu não as odeio. Aliás, odeio sim, mas só as malfeitas. *Chest* é uma caixa bem robusta, com tampa e, muitas vezes, fechadura. *Trunk* é uma caixa usada para carregar bagagem ou armazenar coisas. Humm... estou entendendo a sua dúvida... Parece que, sem querer, estou descrevendo a mesma coisa. Vamos tentar em inglês e ver o que acontece.

Chest: A chest is a sturdy box with a lid and often a lock, used especially for storage. A trunk is a large packing case that clasps shut, used as luggage or for storage. The difference is minimal, but I tend to see a chest as something which is part of the furnishings in a house; a trunk is more used for travelling. Naturally they both look alike and serve the same purpose, hence the difficulty in identification.

Trunk: A trunk is a large packing case or box that clasps shut, used as luggage or for storage. The difference is minimal but I tend to see a chest as something which is part of the furnishings in a house and a trunk is more used for travelling.

Entendeu agora a diferença? Não? Nem eu, para falar a verdade – sendo assim, não vou fazer o leitor perder tempo obrigando-o a ler uma tradução (que não adiantará nada) das orações acima.

Fico te devendo esta, mas, para não perder o rumo e salvar algo deste fiasco de explicação que não explicou nada, é interessante lembrar que, nos Estados Unidos, *trunk* é o porta-malas do carro. Na Inglaterra, "porta-malas" é *boot*. *Trunk* é, também, a tromba do elefante, o tronco de uma árvore e até mesmo o do nosso corpo. Já *swimming trunks* (no plural, ainda por cima!) é o calção de banho masculino.

Chest, além de "baú", é "peito", "tórax". *Chest of drawers* é "cômoda" (o móvel). *Drawers* também são...

Chega!

Você poderia me dizer como é que se diz "depósito de materiais de construção" em inglês?

São três opções: *building supplies*; *builder's merchants*; e *building supply store*. Na Inglaterra, também é muito comum dizer *DIY*, sigla de *do it yourself* ("faça-você-mesmo").

Minhas dívidas são: 1. O que significa *National Lampoon*? 2. A que se refere o nome *World Series*? 3. Qual a diferença entre os *US marshals* e o FBI?

1. *Lampoon* significa "sátira" (*to lampoon* é "satirizar" ou "criticar"). *National Lampoon* é, ou era, uma publicação irreverente que tinha o objetivo de criticar o *establishment* dos Estados Unidos.
2. *The World Series* é o campeonato americano de beisebol. Pessoalmente, nunca entendi por que é considerado "Mundial".
3. *Marshals* são oficiais do FBI e de outras agências do governo americano.

Hoje no shopping, vi um letreiro com a palavra *outback*. Procurei em todos os meus dicionários (inclusive num americano) e não encontrei nada. O que significa? Quando se usa?

Gozado, dos meus dicionários a palavra consta. Na Austrália e na Nova Zelândia, *outback* é o interior, a zona bem rural mesmo. A rede Outback Steakhouse é supostamente australiana, mas um dos donos é Gregory Ryan, um americano. Eles servem comidas típicas australianas. Greg Ryan, por sinal, foi o fundador do McDonald's no Brasil.

PADRINHOS E MADRINHAS

Durante as minhas aulas, é muito comum receber solicitações a respeito dos nomes e papéis usados nos casamentos.* Normalmente, tais solicitações provêm muito mais das alunas que dos alunos. Quando há um casamento e o aluno é padrinho ou madrinha, essa curiosidade naturalmente aumenta. "Como é que se diz 'padrinho' e 'madrinha' em inglês?"

Percebendo isso, no meu livro *Como* Não *Aprender Inglês – Edição Definitiva* (Campus, 2002), teci comentários a respeito dos casamentos nos Estados Unidos e na Inglaterra. Mas não é que depois da publicação as dúvidas se avolumaram?

Agora, o meu intuito é responder aos muitos leitores que me escreveram querendo mais informações. Sempre achei interessante essa busca, pois é talvez o assunto que mais tem despertado curiosidade, depois do *present perfect* e das *prepositions*.

* Conquanto a palavra "casamento" em português sirva tanto para a cerimônia quanto para o estado civil, em inglês é diferente. A cerimônia se chama *wedding*. Um *wedding* dura algumas horas apenas. Acontece num dia e acabou. O estado civil, de estar casado por um bom tempo, ou até que a morte nos separe (*until death do us part*), dura muito tempo e se chama *marriage*. (Posso até ouvir os cínicos de plantão dizendo que *marriage* também pode ser tão fugaz quanto. Mas eu os deixo à vontade para pensar e dizer o que quiserem.)

Não sou eu que vou pôr um ponto final no *present perfect* e nas *prepositions*, mas quem sabe eu consiga explicar de uma vez por todas as perguntas sobre casamentos na língua inglesa? (Até porque já fui casado duas vezes...)

Primeiro, pensei em oferecer uma colagem dos *e-mails* recebidos e respondidos sobre o assunto, mas, pensando melhor, e para não incorrer em mais riscos, preferi criar uma resposta que incorporasse tudo o que sei e escrevi aos leitores sobre o assunto. "Riscos?", você deve estar se perguntando. "Quais riscos?" Sim, riscos mesmo. É que, no livro, ao tratar do tema, parece que causei certa polêmica devido à maneira com que o tratei. Veja o que escrevi: "Num casamento na Inglaterra ou nos Estados Unidos, não se vê aquele monte de gente aglomerada no altar, escolhida a dedo para dar presentes caros".

Gente! Choveram reclamações a respeito da minha forma nada elegante de tratar os padrinhos e madrinhas. Em edições subseqüentes, o texto já havia sido corrigido para "de gente aglomerada no altar, às vezes escolhida". Assim, com a introdução do "às vezes", pude me redimir um pouco, e parece que isso satisfez os leitores, pois as reclamações por *e-mail* pararam.

Acho também que o que provocou, e continua provocando, dúvidas é que tentei tratar o assunto em poucas linhas. O artigo começa assim: "Igreja enfeitada, amigos, flores, muita alegria. Quando o assunto é casamento, os padrinhos e as madrinhas sempre aparecem. Eis a inevitável pergunta: como se fala 'padrinho' e 'madrinha' em inglês? A resposta é simples. Não se fala".

Mas a minha maneira de tratar o assunto foi, ao que parece, um pouco superficial, pois a dei em 17 linhas apenas. Então, resolvi me estender um pouco.* Aqui vai um acréscimo à explicação. (Não quero jamais correr o risco de ser considerado superficial. Você me entende, não?)

Vamos examinar primeiro a personagem central da cerimônia: a noiva, é claro. Em inglês, ela é *the bride*. Mas repare bem que ela é *the bride* somente no dia do casamento. Não foi *the bride* no dia anterior, nem o será mais no dia seguinte. E, se tudo correr bem na vida de casada, ela jamais será *a bride* de novo. Quando era noiva, fazendo planos para casar, ela era *the fiancée*. E depois, passada a cerimônia, ela já será *the wife*.

Na cerimônia de casamento, a noiva será acompanhada pelas damas de honra. Vamos agora examinar a situação das madrinhas, chamadas de *bridesmaids*. As *bridesmaids*, normalmente entre uma e quatro, podem ser amigas ou irmãs da noiva. Não é estritamente necessário que sejam solteiras, mas muitas vezes são. É aí que começa a martelar uma dúvida na cabeça dos estudantes de in-

* Assim, neste livro são 92 linhas!

glês. Qual é mesmo a diferença entre *the bridesmaid* e *the maid* (ou *maids*) *of honour*? Bom, *the maid of honour* é a principal mulher solteira que atende à noiva no dia do casamento. *Maid of honour* pode ser também uma mulher solteira da nobreza que atende a uma rainha ou princesa.

Isso dá uma rápida idéia de quanto o conceito de madrinha (e padrinho) varia na Inglaterra e nos Estados Unidos em relação ao Brasil, conforme mencionei no início. Os costumes, a cerimônia, as personagens variam muito. E não é somente de país a país. Todas as questões culturais sofrem alterações. Até a situação financeira do pai da noiva, e dos pais do noivo, exerce sua influência, é claro, bem como a quantidade de convidados, o local e a cerimônia. E isso se aplica à Inglaterra, aos Estados Unidos e ao Brasil.

E quanto ao noivo? Minha nossa! Eu estava quase me esquecendo dele, tadinho! Não, ele não é "tadinho" porque está se casando, não! Eu quis dizer "tadinho" apenas pelo fato de que estava me esquecendo dele. Pessoalmente, não tenho nada contra o casamento, e quem me conhece sabe bem disso. Bom, afinal como é que o noivo se chama?

Antes do dia do casamento, ele era *the fiancé*. *The fiancé* e *the fiancée* estavam noivos, planejando se casar. Essa etapa se chama *engagement*. *Their engagement* ("seu noivado"). *They were engaged to be married*. *Were* porque, presumo, o noivado já é coisa do passado, uma vez que chegamos ao dia do casamento. *John* was *engaged to Mary* ("John estava noivo de Mary"). Mas, no dia do casamento – e somente nesse dia –, o noivo também muda de nome: agora ele é *the groom*,* ou *the bridegroom*.

E o "padrinho" dele? Esse é *the best man*. Pode também ser chamado de *groomsman*. E só há um *best man*. Até pela lógica, não podem existir dois *best men*, não é? Em princípio, *the best man* pode ser o melhor amigo ou um irmão. E é ele quem leva as alianças e deve se encarregar do montão de detalhes. É ele, também, quem propõe um brinde.

Guardadas as devidas sutilezas, o casamento que estou descrevendo aqui se aplica tanto às cerimônias americanas quanto às inglesas (e escocesas, australianas, neozelandesas, irlandesas, galesas, canadenses etc.).

Em tempo: eu não acredito! Achei que tinha esgotado o assunto, mas não é que, antes de fechar este livro, veio mais uma pergunta relevante? A seguir eu a reproduzo na forma em que veio.

* Interessante... Para aquelas pessoas que gostam desse tipo de coisa, a palavra *groom* também se aplica ao homem empregado para cuidar de cavalos, que os limpa e escova. Não me pergunte a relação entre uma coisa e outra, hein? E o verbo é *to groom*, tanto para cuidar do cavalo como para cuidar de si próprio. Usa-se *to groom*, ainda, para preparar alguém para assumir um posto melhor no trabalho.

Godmother não é madrinha? Eu sei que a minha madrinha é comadre da minha mãe, mas e se eu disser que a Maria é minha comadre? Se eu disser que a Maria é minha _godmother_, eu estou dizendo que ela é minha madrinha, não? Fiquei meio confuso agora. Comadre (de batismo) é _godmother_? E compadre é _godfather_?

Confuso, você? E eu? Somos agora dois confusos. E o que está provocando a confusão é o fato de que esse negócio de comadre/compadre, essa relação entre "comadres" e "compadres", em que a madrinha e o padrinho de batismo se tornam a comadre e o compadre da mãe e pai da criança batizada, e vice-versa, não existe em inglês. Simples, não é? O que complica, a meu ver, é essa extensão dos laços "familiares". Mas sou apenas um inglês que, às vezes, vê as coisas de uma maneira diferente.

Para finalizar (se Deus quiser), *godfather* é o padrinho só de batismo (mais Marlon Brando), e *godmother* é a madrinha, também só de batismo. O batizado é *the godson*, e a batizada, *the goddaughter*. Cada um é um *godchild*, plural *godchildren*. E, se alguém ainda quer mais informações, posso sugerir que procure sua *fairy godmother*? (Ninguém melhor que a sua "fadinha" para ajudar você de agora em diante.)

Na música "Down Under", do grupo Men at Work, há uma expressão que não compreendo bem: _Vegemite sandwich_ seria um sanduíche naturovegetariano ou a marca do tal sanduíche?

Para entender o que é Vegemite, é preciso entender primeiro o que é Marmite. E Marmite, que é nome comercial, é uma pasta quase preta que se usa para passar no pão ou torrada. É um tipo de extrato de carne, bastante salgado e forte. Na Inglaterra e na Austrália, as crianças gostam muito, sendo considerado um alimento saudável. Como dizem as mães britânicas: *Eat your Marmite. It's good for you. Makes you grow.*

Vegemite é a mesma coisa, só que feita à base de legumes para aqueles que não gostam do extrato de carne, ou que são vegetarianos. A propósito, os meus filhos, apesar de metade de sangue inglês, odeiam Marmite. Até acham difícil acreditar que alguém neste planeta goste. Tenho um pote aqui em casa faz anos, mas eles só experimentaram uma vez.

Vegemite? Quem sabe um dia...

Li num dicionário que, em inglês, "casar" significa _to marry_. Achei estranho, porque eu conhecia a palavra como _to merry_... As duas formas são aceitas?

Epa! Não confunda alhos com bugalhos. *Merry* é adjetivo e significa "alegre, feliz, jovial". O verbo "casar" é (*to*) *marry*, mesmo.

Gostaria de saber como se diz "panelinha" (grupo fechado) em inglês.

Usa-se a palavra *clique*, um grupo pequeno e exclusivo de amigos ou associados. Também pode ser *a small circle of friends* ou *colleagues*. Por exemplo: *Oh, that clique at work is driving me crazy; they are so stuck up!* ("Aquela panelinha no trabalho está me deixando louco; são tão metidos!").

Sou seu leitor, e seu livro tem me ajudado muito. Não o conheço pessoalmente, mas é como se fôssemos velhos amigos, pelo seu jeito de escrever! Você me deixa completamente à vontade para apresentar algumas questões de inglês que eu sempre quis ver esclarecidas, mas que, talvez por timidez, nunca perguntei a ninguém! Aqui vão as mais novas dúvidas:

1. *Dead ringer*: quando usar (só em caso de irmãos gêmeos?).

Dead ringer é gíria. A *ringer* é alguém que se parece muito com outro, a ponto de poder até ser confundido. Normalmente, o termo vale para cavalos, mas pode indicar um pessoa também. O uso de *dead* é no sentido de "totalmente, absolutamente". Portanto, um *dead ringer* é um sósia perfeito. Não use para gêmeos idênticos, pois assim tornará a expressão redundante.

2. "All Girl": este é um título de um filme. Não deveria ser *all girls*, no plural?

All girl seria normalmente usado como adjetivo (*all-girl show*; *all-girl magazine*), dispensando, portanto, o *s* do plural. Em inglês, os adjetivos não são flexionados no plural. Entretanto, se for como título, significará algo como "toda mulher; mulher total; mulher na integra". O filme, possivelmente, é dirigido a lésbicas.

3. *Lock and stock*: na série *Seinfeld*, perguntam ao pai de George se ele irá se mudar para a Flórida, e ele responde: *With lock and stock*. Seria, no nosso português, "De mala e cuia"? Não sei se você conhece essa expressão.

Lock and stock é uma diminuição da expressão *lock, stock and barrel*. Uma referência a uma arma, provavelmente uma espingarda ("fecho, coronha e cano"). A expressão quer dizer "por inteiro"; "completo"; "tudo". Por quê? Não faço a menor idéia.

4. *Break free*: é o que Fred Mercury, do Queen, diz numa canção: *I want to break free*.

"Soltar-se, libertar-se (das garras)."

5. *Break lose*: seria "dar no pé"?

To break loose (com dois *o*): a mesma coisa que *break free*.

6. *Pet Sematary*: é o título de outro filme que vi anunciado em jornal. A grafia é mesmo essa? Pelo que diz a resenha, o filme é sobre um cemitério de animais.

Pet Sematary é o título de um romance de Stephen King e, depois, de uma adaptação para o cinema. Quando aparece o cemitério de animais, há uma placa com a palavra *cemetery* grafada de forma errada, possivelmente por jovens semi-analfabetos. Aliás, grafar *cemetery* errado não é difícil. Eu mesmo acabei de escrever "cemitary", mas já corrigi (*cemetery*).

7. Se *foe* é "inimigo", quando se usa *enemy*?

Foe é uma palavra um pouco arcaica para dizer "inimigo", mas ainda assim perfeitamente válida. *Enemy* é mais moderna.

8. "Holding Back the Years": no dicionário *Cambridge*, *hold back* é *keep the information secret*. Então, como fica a canção do Simply Red?

Holding back the years significa "não envelhecendo"; "não querendo envelhecer"; "querendo se recordar dos tempos passados". O título da canção se baseia na expressão *holding back the tears*, ou seja, "segurando as lágrimas para não chorar". Parece-se comigo quando ouço Julio Iglesias. Ou David Bowie (pior ainda).

9. *Card shark*. Esta expressão eu li no *New York Times*, sobre uma vitória de Pete Sampras: *with the cool of a card shark*.

Card shark (pode ser *card sharp*, também) é alguém muito bom nos jogos de baralho, provavelmente um trapaceiro. Literalmente, um "tubarão das cartas". Pete Sampras, *with the cool of a card shark*, "com a frieza de um jogador experiente".

10. Durante uma conversação, ouço alguém dizer *But then again* – o que realmente significa?

But then again quer dizer "mas, pensando bem"; "ou, por outro lado...".

11. *It might as well*: poderia me dizer o equivalente em português?

Alguns exemplos: *The party is boring: I might as well have not come* ("A festa é um tédio: se eu soubesse, não teria vindo, pois teria dado na mesma"); *I wasted my time: I might as well have stayed home* ("Desperdicei o meu tempo: se tivesse ficado em casa, teria dado na mesma"); *His presence didn't help: he might as well have stayed at home* ("A presença dele não ajudou em nada: se tivesse ficado em casa, teria dado na mesma"); *Well, if no one is going to eat the last piece, I might as well* ("Bem, se ninguém vai comer o último pedaço, então eu como"); *It didn't make any difference: it might as well have not happened* ("Não fez diferença: é como se não tivesse acontecido nada").

WHY ENGLISH IS SIMPLER THAN PORTUGUESE

Part XI – Prepositions (Preposições)

Sei que, só de ler a palavra *prepositions*, você talvez já esteja querendo desistir. Mas agüente firme. É para o seu próprio bem, prometo.

Recebo muitos *e-mails* que pedem uma explicação das regras para o uso das preposições em inglês. Principalmente no que diz respeito às diferenças entre *to, for, on, in* e *at*.

Os meus leitores e alunos demonstram grande frustração e perplexidade com as *prepositions*, mas não param para questionar as preposições. Posso até ouvir você dizer: "Mas eu não tenho dificuldade com preposições, apenas com *prepositions*!" Claro, em português você nem pensa no assunto! São fáceis, não são? Posso dizer uma indelicadeza? Bem, mesmo se você responder "não", vou dizer: "Fáceis uma ova!"

Explico o motivo. Aprendemos que, quando a cabeça está doente, temos dor de cabeça. No dente? É dor de dente. De barriga? É dor de barriga. Aí, vem o gringo a soltar belíssimas pérolas do tipo: "Tenho um dor na cabeça"; "Ele tem uma dor no dente (ou, pior, na dente)"; "Ela tem um dor da barriga". E ainda emenda com "Tenho um dor de dedo; uma dor de perna; um problema das costas"...

Aí, vem o brasileiro para ajudar e corrige o nosso gringo dizendo: "Não, John. Não é dor 'na' cabeça; é dor *de* cabeça. Não é dor 'de' nem 'da' perna; é dor *na* perna. Você não tem uma dor 'no', nem 'da', nem 'na' dente; você tem uma dor *de* dente". E assim vai.

O gringo ouve tudo com paciência, espera a sua vez e pergunta: "Por quê? Por que é dor *de* cabeça, mas dor *no* dedo? Por que é dor *de* barriga, mas *no* estômago? Estômago e barriga não são a mesma coisa?" E o nosso gringo chato fica perguntando: por quê... por quê... por quê...

Algo soa familiar para você? Os meus alunos e leitores querem saber o porquê das preposições em inglês. E eu? Eu também gostaria de saber onde está a lógica nas preposições em português.

Aprendi duas palavras novas: *unique* e *uniqueness*. Entendi o sentido de *unique*, mas com *uniqueness* nem o meu professor nem o meu dicionário puderam ajudar. O que significa?

Em primeiro lugar, eu gostaria de fazer um comentário a respeito de aprender palavras. Você entendeu o sentido de *unique*; logo, podemos dizer que você, de fato, aprendeu. *Uniqueness*, não. Você teve conhecimento da palavra apenas, mas ainda não aprendeu.

Para *unique*, eu normalmente uso "singular". Para *uniqueness*, acho "singularidade" uma boa opção. Pelo menos, consta do meu dicionário como "qualidade do que é inigualável ou inigualado, sem par, sem igual, raridade".

Agora, sim, você aprendeu. (*I hope*.)

Qual é a melhor tradução para o termo "descolado" (alguém na moda, esperto, bacana, por dentro de tudo o que é mais moderno)?

Que tal *up-to-date*? *Fashionable*? *With it* e *trendy* seriam outras possibilidades. Por exemplo: *He's really with it; always wears the latest clothes; very trendy and very fashionable* ("Ele é muito descolado; sempre se veste com as roupas da moda"); *That new Thai restaurant is very trendy; the "with it" crowd are all going there* ("Aquele restaurante tailandês está muito na onda; a turma descolada sempre vai lá").

Gostaria de saber qual é a palavra usada nos Estados Unidos para dizer que alguém é folgado.

Não é fácil responder, mas vou tentar. Uma das dificuldades que sinto com um equivalente em inglês para "folgado" é saber o que exatamente se quer dizer com a expressão. Uma pessoa folgada é, conforme diz o meu *Aurélio*, alguém "que se esquiva ao trabalho, a certas obrigações ou deveres". Se for somente nessa conotação, poderemos usar o substantivo *layabout*. Exemplo: *Edward is a real layabout; instead of looking for a job, he just watches TV all day* ("Edward é mesmo um folgado; em vez de procurar emprego, fica assistindo à TV o dia todo").

Mas me parece que esse é apenas um dos usos. E, claro, temos também *lazy*, que é "preguiçoso(a)". Talvez em português a palavra "acomodada" também se aplique a essa pessoa, não? Mas é aí que está o problema. Não encontro para nenhuma das duas uma palavra adequada em inglês. Será que não há gringos folgados nem acomodados? Claro que há! Mas como descrevê-los?

Neste exato momento, veio-me à cabeça uma expressão, que é *to have a/the cheek*. Aí, poder-se-ia dizer: *What a cheek! He's asked me to do what he's too lazy to do*, que, traduzida, seria algo como: "Que folgado! Ele me pediu para fazer algo que ele é preguiçoso demais para fazer". Outro exemplo seria: *He's got a cheek asking me to lend him some more money; he hasn't paid me back the last ten dollars I lent him!* ("Que folgado! Pediu mais dinheiro emprestado. E nem me pagou os dez dólares que já emprestei a ele!").

Mas aí começamos a ter um pouco de dificuldade, pois *cheek* é também "atrevimento" ou "falta de semancol". *The cheek of the guy! He's just asked the best looking girl to dance* ("Que coragem! Ele acabou de chamar a moça/menina/-mulher mais bonita para dançar!"); *Look at her cheek! She has a terrible voice but sings in front of everyone anyway* ("Que folgada/Que falta de semancol! Ela tem uma voz terrível, mas mesmo assim canta na frente de todo mundo"). Podemos facilmente substituir *cheek* por *nerve*, sem alterar o sentido. *He's got a nerve/she's got a cheek/what a nerve/what a cheek/the cheek of that guy/the nerve of that woman.* Aliás, pensando bem, acho que está aí a sua resposta, finalmente.

Tive de escrever tudo isso até encontrá-la, mas consegui! Vou deixar todo o meu raciocínio registrado. Para mim, não é fácil responder a esse tipo de pergunta, mas valeu, pois havia tempos eu mesmo queria saber a resposta, mas nunca me dei ao trabalho de descobrir (para falar a verdade, acho que sempre fugi do assunto). Muito obrigado.

Ah, eu ia me esquecendo: as expressões que citei são usadas tanto nos Estados Unidos como na Inglaterra. Sim, existem folgados na minha terra também. Sei, é difícil acreditar, mas é a verdade.

Em inglês, como digo "Par ou ímpar?", quando se quer decidir quem começa um jogo, por exemplo.

Presumo que está se referindo ao uso dos dedos para decidir quem vai primeiro. Você poderia dizer *Odds or evens*, sendo *odd* "ímpar" e *even* "par". No entanto, esse é um costume tipicamente brasileiro, o que compromete a eficácia da tradução.

Normalmente, a gente decide essas coisas na moedinha. Aí, pode-se dizer *Heads or tails*? ("Cabeça ou rabo?"), o que equivale ao nosso cara-ou-coroa. Usa-se *tails* porque normalmente um dos lados da moeda vem com a imagem de um pássaro.

Como poderíamos descrever as pernas tortas do Garrincha? *Crooked legs, skew legs?*

O Garrincha tinha o que chamamos em inglês de *bow legs*. *He was bow-legged*. Situação comum também nos *cowboys*, pelo fato de andarem muito a cavalo. (Pelas assaduras?)

Lembre-se de que *bow* é, basicamente, "laço". Temos também *bow tie* ("gravata borboleta"), *bow and arrow* ("arco-e-flecha"). Todos devidamente curvados. *Crooked* (com a pronúncia */kru-ked/*) é mais para qualquer coisa que seja tortuosa.

E temos também *skew*, né? Onde você achou essa palavra? De qualquer maneira, parabéns! Demonstra que fez a sua lição de casa antes de ter enviado a pergunta para mim. *Skew* é mais para uma posição inclinada, ou até distorcida, enviesada.

Gostaria de saber como se diz "Eu sou fissurado em pegar onda".

Agora você poderá demonstrar a sua fissura em inglês: *I'm into surfing*; *I'm crazy about surfing*; *I'm hung up on surfing*; *I'm wild about surfing*.

Você vai a um restaurante e, na hora de pagar, "pendura a conta". Diz-se *Can you "dodge" the bill?* Outra dúvida: que designação teria em inglês uma Secretaria da Educação? E como se diz "O cara é do contra", no sentido de que sempre está em desacordo com as idéias propostas ou as decisões tomadas?

1. Não, você não pode usar o verbo *dodge* para "pendurar" a conta, mas poderia dizer *He dodged paying the bill*, querendo dizer que se esquivou de pagar, safou-se. Para dizer "pendurar", usaremos *put it on the slate*; *chalk it up*; ou *put it on my tab/account/bill*. Se você faz muito isso, então *you are running up a tab/bill*.
2. *Secretary of Education* ou *Ministry of Education*.
3. Não consigo pensar numa expressão exata para "Ele é do contra". Você pode usar *He never agrees*; *He is always disagreeing*; *He always runs counter to what others think/say*; *He is (always) a wet blanket*; *He (always) puts a damper on things*.

Um exemplo bem britânico é *He's a really difficult sod*; um bem americano, *He's an ornery SOB*.

Tenho uma dúvida e estou certo de que pode me ajudar. Como digo "jiló" em inglês?

Tenho respondido a essa pergunta tantas vezes! O que acho curioso é que tantas pessoas queiram saber a mesma coisa. Será que consta de alguma publicação que isso é fundamental para melhorar o inglês do aluno brasileiro?

Pessoalmente, o meu contato com o jiló tem sido tão restrito desde que cheguei ao Brasil que, se colocassem um prato ou cesto cheio na minha frente, eu nem o reconheceria.

Mas aqui vai uma resposta: *Jiló, the fruit of the jiló tree (jiloeiro), is a plant of the family* Solanaceae, *an annual herb* (Solanum gilo), *probably of African origin, widely grown in Brazil*.

Mas a minha resposta pessoal é "jiló", mesmo. Não há, portanto, palavra equivalente em inglês. Eu apenas diria */ji-loh/* e esperaria que alguém entendesse – senão, daria a explicação acima.

Como se diz "mau-caráter" e "caloteiro" em inglês?

Não acredito que tenhamos uma expressão exata em inglês, especialmente quando está se referindo ao caráter de uma pessoa. Apenas *He's a bad character*. Para descrever as opiniões pessoais que possamos ter a respeito dos outros, a lista seria infinita. Para dar calote, eu diria *He is inclined to welsh* (dar calote) *on his debts*. Não é uma palavra muito elegante para com os galeses (*Welsh*), mas é uma das suas opções. Quem dá calote é um *welsher*.

Outras opções seriam:

To swindle (the person is a swindler): *He swindled me out of my money.*
To cheat (a cheater): *She cheated the bank and never paid back her loan.*
To trick (a trickster): *They tricked the shopkeeper by running up a large tab without intending to pay him.*
A lista pode se estender bastante, mas vou parar por aqui.

Você conhece a palavra "abrangência"? Há equivalente em inglês?

"Abrangência" pode ser *range*; *scope*; *reach*; *coverage*. Se o seu dicionário for um dicionário "compreensivo", melhor ainda. Aí, deve ter tudo de que precisa. Sabe por quê? Traduzi a palavra *comprehensive* do inglês, e *comprehensive* é aquilo que cobre tudo, além de ter o mesmo sentido de "compreensivo" em português. Nós podemos ter *a comprehensive education*; devemos ter *fully comprehensive insurance for our car* ("seguro total").

E *I went to a comprehensive school in England*? Repare que nem a educação, nem o seguro do nosso carro, nem mesmo a escola são "compreensivos", no sentido do português.

Comprehensive significa "de conteúdo e escopo amplo, largo, incluindo tudo ou quase tudo". Como é também abrangente. Mas não se pode esquecer que *comprehensive* é "compreensivo" no sentido português também. *I hope you understand and are comprehensive about this* ("Espero que entenda e seja compreensivo a respeito disso").

Infelizmente, o sentido do refrão de uma canção de Lou Reed não está claro para mim. Pode me ajudar? O início da letra é: *Sometimes I feel so happy/ Sometimes I feel so sad/ Sometimes I feel so happy/ But mostly you just make me mad/ Baby, you just make me mad/ CHORUS*

Linger on, your pale-blue eyes/ Linger on, your pale-blue eyes. O que significa *linger on?*

Para entender a expressão *linger on*, devemos primeiramente começar pelo verbo *linger*. *To linger* quer dizer "se demorar, tardar, se prolongar". Significa "não estar com pressa", "não estar preocupado com o tempo", especialmente quando não se tem muito para fazer. *Linger on* apenas reforça a idéia de que o ato de *lingering* continua.

Portanto, *linger on your pale-blue eyes* pode significar duas coisas: que o intérprete continua a olhar para dentro dos olhos azuis da pessoa; ou que ele/ela quer continuar a ver, ou a imaginar, os claros olhos azuis da outra pessoa.

É interessante que a grande Marisa Monte use a mesma expressão numa das suas lindas canções... *Pale-blue eyes!* Acabo de olhar entre os meus CD para verificar o título e percebo – epa! – que a letra da música de Marisa Monte não é dela, mas de... Lou Reed! É exatamente a música de que você está falando!

Eu não havia feito a ligação até este momento. Está tocando agora. Muito obrigado.

Existe um termo em inglês para a lingüiça calabresa? Outra dúvida: a palavra *pouch* é a nossa "pochete"? Ou existe outra melhor?

O problema é que, em inglês, nem temos uma palavra adequada para "lingüiça". Há apenas *sausage*. Só que *sausage* pode se referir a salsichas (tipo *hot dog*, por exemplo), inclusive aos tipos que se encontram na Inglaterra, os quais o brasileiro não aprecia muito. E não é por menos. O sabor da *English sausage* é bem diferente do da nossa lingüiça. É o que chamamos de *an acquired taste* ("gosto adquirido"), que pode levar anos para se adquirir, a não ser que se tenha nascido por lá.

Eu costumo traduzir lingüiça por *spicy sausage*. Quanto à sua pergunta, devemos lembrar que o termo "calabresa" refere-se a "calabrês", um nativo de Calábria, na Itália, ou a algo que pertence à região. Você poderia dizer algo como *hot, spicy Italian sausage*. Acho que isso cobre todas as eventualidades. Epa! Ocorreu-me a seguinte idéia: por que não a chama de *Brazilian sausage*? Afinal, existem tantas comidas com nomes de seu país de origem (*French bread, English muffin, French toast*, para citar apenas três itens; para dizer a verdade, não me lembro de outros neste exato momento, mas tenho certeza de que existem e de que um leitor bondoso irá me enviar esses nomes) que seria até coerente colocar um adjetivo pátrio na lingüiça.

E, se o seu interlocutor ainda não estiver entendendo a que se refere, mande-o pegar o dinheiro na *money pouch* e ir comer no McDonald's.

Como se diz "Aquela pessoa é falsa", ou "Minha amiga é muito falsa"?

Pode-se dizer *I don't trust her*; *She is a sham*; *I think she is a fake/phony*; *Her style/she is very artificial*; *She is two-faced*; *She is a liar*; *She is deceitful*; *She is so false*.

Só espero que você precise desse vocabulário para um trabalho ou algo similar, e não para usar contra alguma amiga.

WHY ENGLISH IS SIMPLER THAN PORTUGUESE

Part XII – Adjectives (Adjetivos)

Aha! Eu ia me esquecendo dos adjetivos. Em português, há adjetivos no singular, no plural... E mais: eles têm sexo! Minha nossa, quanto sexo há em português! Com isso, não quero dizer que o inglês não tenha sexo, apesar da fama (totalmente injustificável, diga-se de passagem).

Mas e os adjetivos em português? Vamos ver um caso simples em inglês: *the white house* ("a casa branca"). No plural, *two white houses* ("duas casas brancas"). Em português, flexiona-se o adjetivo ("branca" e "brancas"), mas em inglês não. E com "cisne" (*swan*), o que acontece? *A white swan* ("um cisne branco"). No plural: *two white swans* ("dois cisnes brancos"). Total de variações do adjetivo "branco": quatro (branco, brancos, branca, brancas), ao passo que em inglês o *white* ficou lá, sozinho – serviu (e serve) para todos os casos. Quer saber o resultado da partida "Adjetivos em Português" versus "Adjetivos em Inglês"? 4 x 1.

Qual a diferenca entre *difficult* e *hard*?

Ambas as palavras são sinônimas ao se referirem a "difícil". *Hard* tem muitos outros sentidos, como "duro"; "forte"; "sólido"; "compacto"; "rígido"; "firme"; "fatigante".

Um bom dicionário pode ajudar bastante nesses momentos de dúvida.

How do we say maçã do amor?

Diz-se *toffee apple*. Você não perguntou, mas, já que estamos falando do assunto, nos parques de diversão e assemelhados também pode ser encontrado o algodão doce, que é *cotton candy* nos Estados Unidos e *candy floss* na Inglaterra.

Parking ticket é qualquer tipo de multa de trânsito? Ou é somente a multa por estacionamento irregular?

Parking ticket refere-se exclusivamente à multa por estacionamento irregular. *Speeding ticket*, por exemplo, refere-se à multa por excesso de velocidade. E assim por diante.

Não se esqueça de que "multa" também pode ser *fine*. Nos Estados Unidos, usa-se mais *ticket*, mas *fine* é comum aos Estados Unidos e à Inglaterra. Os verbos são *to fine* ("multar") e *to ticket* (também "multar", mas exclusivamente nos Estados Unidos). Exemplos: *The traffic cop gave me a ticket for running a red light in Boston* ("O guarda de trânsito me multou por ter passado no sinal vermelho"); *The London policeman fined me for driving with my seat belt unfastened* ("O policial londrino me multou por estar dirigindo sem o cinto de segurança").

Estamos em dúvida quanto ao termo utilizado para "horário de verão", que no Brasil, normalmente, tem início em outubro. Aliás, você pode me dizer se, nos Estados Unidos, existe "horário de inverno" ou algo parecido? Pois, se houver, haverá diferenças de fuso horário quando se for agendar um _meeting_.

O polêmico "horário de verão" – de que alguns gostam e outros não – pode se chamar *daylight saving time*. Embora exista *summer time*, não existe um *winter time* correspondente.

Quanto aos horários, acredito que possam ser consultados pela Internet. Há cinco *time zones* nos Estados Unidos.

Minha pergunta é sobre nosso "papel higiênico"! _Yes!_ O brasileiro, em geral, tem a tendência de verter esta expressão para _higienic paper_... Acho que seria uma ótima dica esclarecer que nos States esse "utensílio", que tão bem conhece nossas partes mais íntimas, é chamado de _bathroom tissue_ ou, simplesmente, _bath tissue_.

Realmente, você tem razão: o assunto pode causar certas dificuldades. Conheço mais como *toilet paper* ou *toilet tissue*.

Para finalizar: o *toilet paper* vem num *toilet roll*.

Como se diz "mesa-redonda" (debate) em inglês?

Fácil. Basta dizer *round table*. Um exemplo: *There was a round table on TV last night. The candidates all gave different opinions.*

Também se pode usar *debate*.

Eu não sei o nome da música, mas me lembro do refrão e, como meu inglês é muito, mas *muito*, ruim, eu não sei nem se escutava *I'm stepping out* ou *I step out*. De qualquer forma, poderia me dizer o que significam as duas frases?

To step out pode ter vários sentidos, que variam conforme o contexto. Sem saber o contexto fica difícil, mas vamos lá: pode ser sair, partir, pôr o pé para fora, iniciar uma busca, cair fora, andar firmamente para frente, dar um passo.

Bem amplo, hein?